Nagasaki Heritage Guide Map 長崎游学シリーズ❿

# 「史料館」に見る産業遺産
# 三菱重工長崎造船所のすべて

長崎文献社編

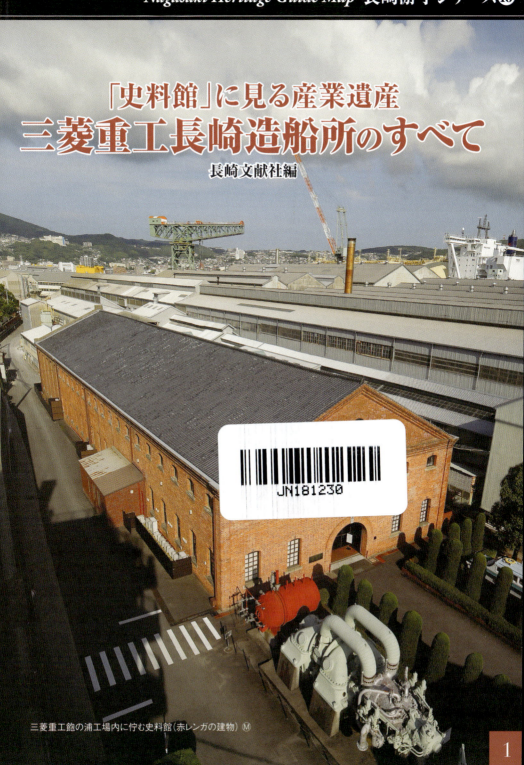

三菱重工飽の浦工場内に佇む史料館（赤レンガの建物）Ⓜ

1

# 序章

## 「史料館」に入館する前に

安政4年（1857）の長崎鎔鉄所から始まった長崎造船所。現在「史料館」として公開されている建物は旧「木型場」だったところ。いまは「三菱博物館」といってよい。日本の近代工業をリードしてきた産業遺産が展示されている。

### 長崎造船所史料館へのアクセス

[所在地]
長崎市飽の浦町1-1
[入場料]
大人（高校生以上）:800円
小中学生:400円
未就学児:無料
[開館時間]
9:00～16:30まで
（ただし入館は16:00まで）
※完全予約制（当日予約可）
[休館日]
毎月第2土曜、年末年始12/29～1/4、長崎造船所一斉停電日（2回/年）
TEL 095-828-4134
http://www.mhi.co.jp/company/facilities/history/
※2023年4月現在、史料館は建物工事のため休館中です。

### 長崎造船所史料館とは

史料館の由来が書かれたプレートには次のように書かれている。
〈この建物は三菱合資会社・三菱造船所の鋳物工場に併設の「木型場」として、明治三十一年七月（1898）第二代所長・荘田平五郎氏の時代に建設されたものである。三菱重工業株式会社発祥の当地に現存する最も古い建物であり、（中略）長崎造船所が日本の近代化に果たした役割と、先輩諸氏の輝かしい偉業を、永く後世に伝えんとするものである。〉

このプレートは、昭和60年（1985）10月に、第27代所長で史料館創設の提唱者である相川賢太郎氏が作成した。建物は、「史料館」として当時の赤レンガ造りそのままの姿で使われている。なかにはおよそ900点もの貴重な資料が展示されており、長崎造船所の歴史を知るうえでは、またとない場所である。建物の価値と、長崎造船所の歴史が学べる長崎の誇る文化遺産である。

史料館を正面にはめこまれている創立由来の銅板プレート

史料館アクセスマップ

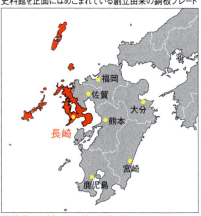
長崎港は九州の西の端。世界に開かれていた

史料館正面 Ⓜ

◆ 史料館内部の見取図

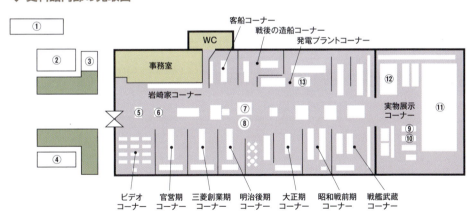

見取図内の番号は下の表内の展示物である。

| | |
|---|---|
| ① 関西電力尼崎第二発電所1号タービンローター | ⑧ 鋳鉄柱 |
| ② 中国電力小野田発電所3号タービン | ⑨ 橿原丸模型 |
| ③ 常磐共同火力勿来発電所3号ボイラ蒸気ドラム | ⑩ 飛鳥の模型 |
| ④ 6号艇 | ⑪ 関西電力尼崎第一発電所1号タービン |
| ⑤ 泳気鐘 | ⑫ 三菱製紙高砂工場1号タービン |
| ⑥ 日本最古の工作機械 堅削盤 | ⑬ スペイン向けタービンローター破片 |
| ⑦ 白鷹丸主機 | |

## 史料館内部は「木型場」だった様子が残る

建造当時の梁(はり)が照明を受けて鈍く光っている。
この独特な雰囲気の中で古めかしい機械たちが、
歳月の重みを醸(かも)し出している。

# 第1章
# 写真で見る産業遺産

撮影　松尾順造

世界文化遺産登録をめざしている「明治日本の産業革命遺産　九州・山口と関連地域」。全国8県の構成資産のなかでも、長崎県内の8つの施設すべてが、三菱重工長崎造船所に深く関わりがある。

◆ 第三船渠（だいさんせんきょ） ◆
### 日本の造船産業を支え続けた大型ドライドック

満潮時に船を入れて扉を閉め、ポンプで水を抜いて作業する大型乾燥渠（ドライドック）。造船技術の発展とともにドックも大型化の需要が増し、明治期の三菱合資会社時代には、このドライドックが次々作られた。第一ドック、第二ドックに続き、明治38年(1905)に作られた第三ドックだけが、今も現役で使われている。（左ページは2014年9月1日撮影、上は水を抜いたあとの第三ドック）

〈所在地〉長崎県長崎市飽の浦町（非公開）

### ◆ 旧木型場 ◆
### 三菱の歴史が、この煉瓦造の建造物に集約

造船業形成期の三菱合資会社時代の建物で、明治31年(1898)鋳物製品の需要増大に対応して建造された。木型とは、木で作る模型。まず木型で形を決めて鋳物を制作するのである。工場建物は木骨煉瓦造2階層で、中央は吹き抜けとなっている。現在は史料館として活用され、三菱の歴史を物語る貴重な写真や展示品が並んでいる。(⇒P2)

館内には、泳気鐘や国指定重要文化財の竪削盤など、他ではお目にかかれない珍しい工作機械や模型、資料がずらり

〈所在地〉長崎県長崎市飽の浦町1-1
〈アクセス〉長崎バス、長崎県営バスともに、長崎駅前バス停より立神方面行きバス乗車、飽の浦バス停下車、徒歩3分

### ◆ ジャイアント・カンチレバークレーン ◆
#### 長崎港のランドマーク、日本初の電動クレーン

三菱合資会社時代に、同型としては日本で初めて建設された電動クレーン。明治42年(1909)設置ながら、いまも現役で働き、長崎港の景観に欠かせない存在となっている。英国アップルビー社製で、電動モーターで駆動する、当時最新のクレーンは、機械工場で製造された蒸気タービンや大型船舶用プロペラなどを船に積み込む際に使用されている。

〈所在地〉長崎県長崎市飽の浦町(非公開)
※敷地内は立ち入り禁止だが、対岸から見学可。

長崎造船所の光景の多くは絵はがきにもなった。元々は飽の浦岸壁にあったが、昭和36年(1961)に一度解体され、水の浦に移設された(『華の長崎』〈長崎文献社〉より)

## ◆ 占勝閣(せんしょうかく)(非公開) ◆
### その名も「風光景勝を占める」に由来する迎賓館

第三ドックを見下ろす丘の上に建設されたのは明治37年(1904)。当時の所長、荘田平五郎の邸宅として建てられたが、翌年、軍艦「千代田」艦長である東伏見宮親王が宿泊され、「風光景勝を占める」という故事にちなみ、占勝閣と命名された。以降、迎賓館として、進水式の祝賀会や貴賓の接待などに利用されている。

〈所在地〉長崎県長崎市飽の浦町(非公開)

戦前の絵ハガキ。左上に占勝閣が(『華の長崎』〈長崎文献社〉より)

## ◆ 小菅修船場跡 ◆
### 現存する日本最古のスリップドック

船を乗せる船架の形状がそろばんに似ていることから通称「ソロバンドック」とも呼ばれていた小菅修船場。明治元年(1869)、長崎港において、薩摩藩とトーマス・グラバーによって建設された船舶修理施設で、のちに明治政府が買収し、明治20年(1887)三菱の所有となった。蒸気機関を動力とし、レールを使って海から陸上へ船を引き上げる、当時において最新式のものだった。

装置が置かれた曳揚げ小屋は、現存する日本最古の煉瓦造建築で、こんにゃく煉瓦とよばれる薄い独特の形状の煉瓦が使用されている（普段は施錠）

〈所在地〉長崎県長崎市小菅町
〈アクセス〉長崎駅前南口バス停より長崎バス「野母崎方面(戸町経由)」乗車、小菅町バス停下車、徒歩5分

〈所在地〉長崎県長崎市南山手町8-1
〈アクセス〉長崎駅前電停より路面電車の正覚寺下方面乗車、築町で石橋方面にのりかえ、大浦天主堂下電停下車、徒歩約8分

## ◆ 旧グラバー住宅 ◆
### 近代化の立役者グラバーのビジネス拠点

小菅修船場や高島炭坑の建設にかかわり、石炭、造船など、日本の主要産業の近代化に貢献したスコットランド商人トーマス・グラバー。彼のビジネス拠点であったグラバー住宅は、文久3年(1863)に建てられ、幕末の動乱期に多くの藩士や志士が武器の商取引で訪れた。現存する日本最古の木造洋風建築である。テラスからは対岸の長崎造船所が一望できることもあり、戦時中の戦艦「武蔵」建造の折には、機密を守るため、当時住んでいたグラバーの息子・倉場富三郎から、三菱が買い取っている。

〈所在地〉長崎県長崎市高島町99-1
〈アクセス〉長崎港ターミナルより高島行き船乗船、高島港下船、徒歩25分または高島港ターミナルバス停より町内バス乗車、本町バス停下車、徒歩1分

## ◆ 高島炭坑 ◆
### 日本で初めて機械を使った近代炭坑

開国とともに蒸気船の燃料として石炭の需要が高まる。そこで、佐賀藩がスコットランド出身の商人トーマス・グラバーとともに開発したのが高島の海洋炭坑だった。これまでの人力作業から一転、機械を導入した蒸気機関の竪坑をそなえた高島炭坑(北渓井坑)の登場により、本格的な近代石炭産業が始まった。明治14年(1881)には三菱の所有となった高島炭坑の石炭技術は、日本の炭坑の近代化のさきがけとなった。

## ◆ 端島炭坑(はしま) ◆
### 石炭の繁栄と衰退を無言で語る軍艦島

そのシルエットが軍艦「土佐」に似ていることから「軍艦島」と呼ばれてきた端島。高島炭坑の技術をうけつぎ、明治中期には高品質の石炭を産出、八幡製鉄所へも原料炭を提供していた。大正期には高層ビルが建ち、最盛期には約5300人が居住していたが、国のエネルギー政策の転換で、昭和49年(1974)年、閉山。無人島となった。現在は桟橋や島の一部が整備され、上陸ツアーも行われ、日本最古の鉄筋コンクリート造の建物などが専門家の注目を浴びている。(写真は右2枚、下)

〈所在地〉長崎県長崎市高島町
〈アクセス〉軍艦島ツアーに参加して上陸できる　やまさ海運、高島海上交通、シーマン商会、軍艦島コンシェルジュ、馬場広徳(アイランド号)の各社が上陸ツアー運営中

# 三菱重工長崎造船所関連の近代化産業遺産の価値

長崎大学名誉教授　岡林 隆敏

## 燃料の石炭採掘で工業化が加速

日本における重工業の近代化は長崎から始まった。長崎では、明治維新以前から造船・機械加工に関する近代的な技術が導入されていた。その原点を三菱重工業（株）長崎造船所（以下三菱長崎造船所と略記）の歴史とともに、残されている産業遺産に見ることができる。長崎では安政2年（1855）からオランダの指導の下で「海軍伝習所」が開設され、長崎港に出入りする船舶の整備と修理のために、文久元年（1861）に現在三菱長崎造船所がある飽の浦に長崎製鉄所が完成した。

長崎において蒸気機関で稼動する西洋式工場を運用できたのは、燃料となる石炭が長崎湾口の高島から採炭できたことによる。安政5年（1858）の開港以降、当時の長崎市街地に隣接する大浦・東山手・南山手に外国人居留地が建設されると、トーマス・グラバー（Thomas Blake Glover）など、欧米の貿易商人が活躍するようになる。明治元年（1869）小菅修船場の西洋式ドックの完成や、明治2年（1869）高島炭坑に西洋式採炭法が導入されることなどにより、長崎では日本で先駆けて工業の近代化の歩みがはじまった。

日本の重工業の産業革命の核となる石炭産業や造船業は、明治維新以降長崎から全国に拡散していった。

国産の造船技術を確立した明治中期以降、三菱長崎造船所は日本の著名な商船や艦艇を建造し、海洋国である日本の産業革命の中枢を担い、歴史は現在の三菱長崎造船所に引きつがれている。

## 長崎三菱造船所関連の近代化産業遺産の評価

三菱長崎造船所は時代とともに施設を更新してきたが、これらの歴史を伝える構造物や機器類が近代化産業遺産として残されている。

官営時代に造られたものに、明治元年（1869）完成の①小菅修船場（国指定史跡）がある。日本で最初の西洋式ドックで、巻揚小屋は日本の初期の煉瓦構造洋風建築、現存する初期の蒸気機関で駆動する引き揚げ装置がある。

三菱長崎造船所の発展期のものとして、明治31年（1898）に建設された②長崎造船所旧木型工場がある。長崎造船所の構内にあり、煉瓦造2階建の建物で、現在史料館として活用されている。この中に、江戸時代に出島にオランダから輸入された潜水機器の「泳気鐘」（天保5年（1834））、同じく文久元年（1861）に輸入された日本で最古の工作機械の「竪削盤」（国指定重要文化財）が展示されている。

③占勝閣は明治37年（1904）に建設された、木造2階建の壮麗な英国風住宅である。造船所所長宅として曽禰達造により設計された。④向島第3ドックは明治38年（1905）に建設された。この時代の三菱長崎造船所に残されている唯一のドックである。

三菱長崎造船所確立期のものに、明治42年（1909）に建設された⑤長崎造船所150トンジャイアント・カンチレバークレーン（国登録文化財）がある。現在世界で稼動の10基中最古である。

三菱長崎造船所に関係する施設として、日本で最初に西洋式採炭法を導入した

明治42年(1909)に建設された150トン電動クレーンはいまも稼働中である Ⓜ

⑥高島炭坑の北渓井抗(明治2年(1869))と⑦端島炭坑(軍艦島)、日本の近代化に貢献した⑧グラバーの住宅(文久3年(1863))、国指定重要文化財)がある。

これらの構造物①～⑧は、「明治日本の産業革命遺産―九州・山口と関連地域―」の構成資産として、日本から世界遺産に推薦*されている。

## 日本の産業革命の原点を展示する長崎造船所「史料館」

三菱「史料館」の展示を見ると、徳川幕府、明治政府、民営化の複雑な経緯をたどった三菱造船所の誕生と、その後急激に拡大する三菱長崎造船所の歴史を、造船産業の歴史とともに理解することができる。史料館を入ると、正面に「泳気鐘」、その向こうに工作機械の「竪削盤」が展示されている。さらに、日本で最初の「国産蒸気タービン」など、この史料館でしか見ることのできない機械装置の実在感を味わうことができる。

三菱長崎造船所は戦前に多くの艦艇を建造してきたことが知られているが、輝かしい最先端の客船建造の歴史も有している。日本最初の豪華客船「天洋丸」(13,454トン)は明治41年(1908)に東洋汽船のサンフランシスコ航路のために建造された。日本初の蒸気タービンを採用し、船内はアールヌーボー様式で装飾された。

時代が降り、日本郵船のサンフランシスコ航路のために、昭和3年(1928)浅間丸(16,947トン)が建造された。「太平洋の女王」と呼ばれた客船で、ディーゼルエンジン機関を採用、船内は英国風クラシック様式で装飾された。史料館にはこれら、三菱長崎造船所で建造された数々の客船の資料、船内のデザイン画などが紹介されている。

三菱長崎造船所の歴史や構内の近代化産業遺産を知るためには、ぜひ訪れておきたい施設である。

*平成26年11月現在

■おかばやし・たかとし
高知県出身。長崎大学名誉教授(工学博士)。専門:土木工学(維持管理工学、近代化遺産保存・修復、景観工学)。各種委員:長崎県文化財保護審議会委員、長崎市文化財審議会委員、南島原市文化財専門委員会委員、佐世保市景観審議会委員、など。著書:「長崎県の近代化遺産」(長崎県教育委員会、1998年)「上海航路の時代」(長崎文献社、2006年)「新長崎市史・近代篇」(長崎市、2014年)、その他。

# 長崎造船所史料館
# Q&A 22の疑問に答えます

―――〈三菱の歴史編〉―――

三菱を知るハジメの一歩。まずは過去から現代までをおさらい

## Q.1 三菱重工長崎造船所の創設はいつ?

**A.** 明治17年(1884)7月、明治政府の工部省から三菱社が工場を引き受け、事業を継承しました。これが三菱重工の創設にあたります。同時に長崎造船局を「長崎造船所」と改称しています。ちなみに、起源(操業開始)は安政4年(1857)10月10日。これは、徳川幕府により飽の浦において艦船修理工場「長崎鎔鉄所」の建設が着手された日。日本初の本格的な洋式工場で、重工業の発祥でもあります。平成19年(2007)には150周年記念式典がおこなわれました。

## Q.2 最初から日本人だけで作られたの?

**A.** 安政4年に建設が始まったのは、艦船を修理するための洋式工場。日本の海軍伝習所での指導のために来日していたオランダ海軍の士官、ヘンドリック・ハルデスの総指揮の下に着工されました。当初は、蒸気船の修理の機械設備を備えた「鎔鉄所」として幕府に上申され、やがて短期間で技術を習得し「製鉄所」となりました。

## Q.3 こんにゃくレンガって何?

**A.** 長崎鎔鉄所の建設にあたり、ハルデスは建物や塀、煙突に必要なレンガ作りから指導しました。今の半分ほどの厚みに成形されたハルデスレンガは、早く焼きあがったそうです。敷地内にしつらえた窯で焼かれ、その形から俗に「こんにゃくレンガ」とも呼ばれています。ちなみにこんにゃくレンガは、同時期に造られた小菅修船場の曳揚げ機小屋にも使われています。

薄さが特徴のハルデスレンガ

## Q.4 小菅修船場も三菱社のもの?

**A.** 長崎製鉄所が落成したのが文久元年(1861)。その後、さらに大型の外国の船を修理できるドック(修船場)を求める声があがります。そこで英国人トーマス・グラバーの協力により薩摩藩が中心に完成させたのが小菅修船場。その後明治政府が買収し、明治20年(1887)、三菱の所有となりました。(⇒P11)

小菅修船場跡 Ⓜ

万延元年の長崎製鉄所 Ⓢ

工部省の建屋に使われていた「工」の文字入り鬼瓦 Ⓢ

## Q.5 三菱のマークの由来は？

**A.** スリーダイヤとも呼ばれ、世界ブランドとして知られるこのマーク。三菱の社章は明治3年（1870）、三菱社の前身であった九十九商会の岩崎弥太郎社長の考案といわれています。岩崎家の家紋が三階菱で、土佐藩の藩主・山内家の家紋が三つ柏であったことから、あやかったのだそうです。大正3年（1914）に三菱合資会社が社章として登録しました。（⇒P74）

三菱経営になってからの三菱マーク入りの鬼瓦 ◎

## Q.6 長崎造船所では造船だけでなく修理もやったの？

**A.** 明治12年（1879）からこれまでに1万隻以上の船を修理しました。オランダから贈られた観光丸や太平洋を渡った咸臨丸も修理しています。創設当初は小菅修船場で修理をおこなっていましたが、それでは足りず、立神に東洋一の第一ドックを完成させました（右上写真）。その後は第二ドック、第三ドックと次々に作り、作業能力を高め、昭和48年（1973）には香焼工場に50万トンの修繕ドックを造りました。

## Q.7 広い構内の移動はどうするの？

**A.** 飽の浦、そして立神とどんどん拡張される長崎造船所。かつては、その構内を蒸気機関車が走っていました。明治29年（1896）に構内に鉄道が敷かれ、大正3年（1914）から昭和27年（1952）まで、立神―飽の浦間を蒸気機関車による定期列車が運行していたのです。現在は構内専用バスに乗って移動します。

構内列車。構内には縦横に線路が走っていたとか ◎

立神第一ドック。明治12年（1879）完成 ◎

## Q.8 船以外の物も作っているの？

**A.** 船の動力となるタービンやボイラの製造技術は、戦後、発電プラントに応用され、国内外の発電所にも活かされています。また製鉄技術は女神大橋や生月大橋など数多くの橋梁も設計施工しました。（⇒P64）

長崎港入口にかかる女神大橋 ◎

## ―〈長崎造船所史料館編〉―

マニア必見！長崎造船所には、日本で唯一のお宝ざくざく！

### Q.9 館内に国指定重要文化財があるの？

**A.** 入口付近にある竪削盤は、平成9年（1997）国の重要文化財に指定されました。安政4年（1857）長崎熔鉄所建設にあたり、徳川幕府がオランダから購入したもので、日本最古の工作機械です。はじめは当所で稼働し、その後下関に移され、通算約100年間、わが国の造船工業の発展に尽くしたものの老朽化し、その後スクラップになる寸前に救われ、史料館での展示となりました。

### Q.10 泳気鐘（えいきしょう）は、何の目的で造られたの？

**A.** 海底での調査用です。寛政5年（1793）徳川家斉（いえなり）の命により出島オランダ商館に注文され、天保5年（1834）長崎に到着したイギリス製潜水器具「ダイビング・ベル」は、日本で泳気鐘と名付けられました。注文して41年後に届いたこともあり、使用の機会がなく出島に放置されていたものを、明治17年（1884）長崎熔鉄所の工事が始まると、岸壁の水中工事に利用されました。空気は上部の穴から、光は上部のガラス丸窓から採り、作業員は中に入って海底を調査したり石を積んだりしました。史料館では下から潜って内部を見ることができるよう台にのせて展示してあります。

泳気鐘は中に入ると明かり取りの窓が Ⓜ

### Q.11 展示物は写真と物だけ？

**A.** いいえ、三菱の歴史を振り返ることができるビデオ映像もあります。見学の最初に、まずこのビデオを鑑賞すると、歴史や全体像が把握できます。また展示物は社員から寄せられた貴重な記念品などから、巨大な発電所タービンまで、バラエティに富んでいます。（⇒P3）

### Q.12 進水式の記念品はどんなもの？

**A.** 船の絵柄の入った湯呑や文鎮など、さまざまなオリジナル商品が作られ、関係者に配布されました。いわば、プレミアムグッズのハシリですね。このほか豪華客船で配布されたメニューなどの珍品も展示されています。

大阪商船から関係先に贈呈された「あるぜんちな丸」の絵皿と煙草入れ Ⓚ

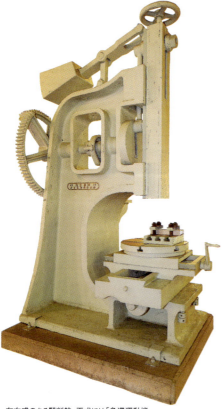
存在感のある竪削盤。正式には「急還運動機構　歯車方式スロッター」Ⓜ

## Q.13 造船所で包丁や鍋を作っていたの?

**A.** 太平洋戦争直後は操業を一時停止、軍需産業からの転換などにより、船を造るための鉄材を使って家庭用品や農機具の生産をしていた時期がありました。米びつ、トランク、筆箱、包丁や鍋など。しかしいずれも重く、火の回りも遅いなど使い勝手が悪かったため、さっぱり売れなかったとか。また、寺院に依頼されて釣り鐘の鋳造に苦心したこともありました。こちらは出来上がってみると色や外観、音色が素晴らしく「さすが三菱!」と大好評だったのだそうです。

今では逆に貴重品!?の三菱製鉄なべ、釜、くわやすき ㊂

釣り鐘は、色つや出しに漢方薬を用いたとか ㊂

## Q.14 事故の証拠品が展示してあるって本当?

**A.** 本当です。昭和45年(1970)高速回転テスト中の50トンの大型タービンローターが破裂するというタービン史上に残る事故が、長崎造船所構内で起こりました。この事故によって多くの死傷者を出し、それがきっかけとなって日本のローター製造技術は飛躍的に改善されました。事故を忘れず後世に語りつごうと、事故後に海中から回収されたタービンの生々しい破片は、さび止め加工をして工場の一画に置いていたのですが、史料館ができたことで展示されることになりました。(⇒P68)

史料館の中央に置かれた破片。ゆがんだ鉄片が生々しい ㊅

右の電動機は、クレーンの左上の制御室の中にあった(上㊂、右下・下㊅)

## Q.15 クレーンで一番長く使われているのは?

**A.** 明治42年(1909)に飽の浦岸壁に完成したジャイアント・カンチレバークレーンで、100年以上の現役選手です。昭和36年(1961)に現在の水の浦岸壁に移設され、長崎港の景観を形成するランドマーク的存在です。史料館には、このジャイアント・カンチレバークレーンに最初から使われ、平成20年(2008)に交換された電動機と制御器が展示されています。写真と見比べるとクレーンの巨大さがよくわかります。

## Q.16 史料館の入場は事前申込みが必要?

**A.** 見学は完全予約制となっています。見学希望者は必ず事前に電話予約が必要です。また開館は9時~16時30分で、毎月第2土曜、年末年始、長崎造船所一斉停電日は休館しているのでご注意ください。(⇒P2)

レンガ造の史料館。かつて英国人記者から「こんなに美しい史料館は世界でも珍しい」と絶賛されたとか ㊅

## ―〈エピソードを載せた船編〉―
### これまで長崎造船所で造られた船のなかで、一番○○○な船は…？

左・かつて太平洋に君臨していた浅間丸の優美な船体
上・一等食堂　下・社交室

### Q.17　一番ドラマチックな船は？

**A.** "太平洋の女王"その名も「浅間丸」。昭和4年(1929)竣工。サンフランシスコ航路に就航した、当時世界最高水準の豪華客船です。処女航海の際には、世界のプリマドンナ三浦環がオペラ『蝶々夫人』を演じたほか、ヘレン・ケラーなど「時の人」を西に東に運び続けた客船なのです。その後、香港での絶望的な座礁やドイツ人拉致事件、東南アジアでのコレラ騒ぎなどの災難を経験。戦時中は邦人救助などでも活躍。ついに昭和19年(1944)南シナ海で雷撃により沈没しました。

### Q.18　一番秘密裡に作られていた船は？

**A.** 「戦艦武蔵」。その存在を知っていたのは造船所のなかでも、ごくごく一部。もちろん一般の人々の眼からも、隠され続けました。しかし戦後小説にもなったことで、ある意味、一番有名になった船でもあります。
（⇒P40）

### Q.19　一番長く長崎市民に愛された船は？

**A.** 旅客船「夕顔丸」。明治20年(1887)進水された貨客船で、当所が建造した最初の鉄製汽船。昭和37年(1962)までの実に75年間、長崎港と高島、端島を結ぶ航路として、3/4世紀の長い間、長崎市民に親しまれました。

鉄製汽船の商品サンプルのような役目も果たした夕顔丸

## Q.20 一番不運な船は?

**A.** 「戦艦土佐」。大正10年（1921）に進水した4万排水トンの戦艦。しかし翌年成立したワシントン軍縮条約により建造半ばで廃艦とされ、広島の呉に曳航後、魚雷発射テストの標的となり、海中に沈められました。（⇒P49）

進水式の戦艦土佐 ㊂

## Q.21 一番奇跡的な船は?

**A.** 豪華客船「サファイア・プリンセス」。完成間近の平成14年（2002）10月1日に火災が発生。船体の4割が損傷しながら、猛烈な勢いで復旧作業をおこない、平成16年（2004）に奇跡の復活を遂げました。火災発生時の船名は姉妹船「ダイヤモンド・プリンセス」。名称変更しての復活でした。今もクルーズで長崎港を訪れています。（⇒P31）

長崎港に停泊するサファイア・プリンセスは、長崎造船所の人々にとって特別な存在だ Ⓚ

## Q.22 一番大きな船は?

**A.** 41万3,012載貨重量トン、20万9,788総トンの「愛光丸」。昭和51年（1976）に竣工された、いわゆるULCC（Ultr Large Crude-oil Carrie）と呼ばれる超大型タンカー。ちなみに大型タンカーは「スーパータンカー」⇒「マンモスタンカー」と大きさで呼び方がかわり、VLCC（Very Large Crude-oil Carrie）そしてこのULCCが最大級。しかし翌年のDAVID PACKARDを最後に、超大型タンカーは建造ドックから姿を消し、現在では中小型の少量多船種に様変わりしています。

ULCCと呼ばれた超大型タンカー、愛光丸 ㊂

武蔵の船影（⇒P40）

# 第❷章
# 豪華客船は
# 夢と情熱と誇りの結晶

長崎造船所で造られるさまざまな船のなかで、一番の花形はなんといっても豪華客船。長崎港に、その美しい船体が浮かぶと、市民の誰もが長崎を誇らしく思わずにはいられない。長崎造船所は、戦前に多くの客船を手掛け、その後50年のブランクを経て、再び世界の客船づくりの担い手として名乗りをあげた。

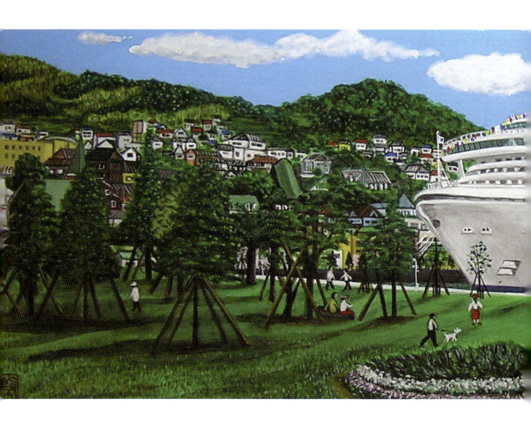

明治41年(1908)に竣工された「天洋丸」。スチームタービンを使用した客船としては、当時世界最大だった ㊂

長崎の水彩画家、鳥羽瀬勝氏の描いた
「サファイア・プリンセス号帰港」(17×47　2006年制作)
(『長崎四季彩』〈長崎文献社刊〉より)

豪華客船は夢と情熱と誇りの結晶

# 新時代は「クリスタル・ハーモニー」から始まった

戦後初めて長崎造船所が造りあげたのは、世界レベルの豪華客船だった。ハイグレードなインテリアと乗り心地のよさに、世界の造船界や海運界、そして乗客が絶賛！

### 10,000,000点の部品を1点に

一般的に、自動車の部品は30万点、30万トンタンカーは50万点の部品を組み立てる作業であるといわれる。では客船は…？なんと1000万点の部品があるのだという。これが最後は、船という、たった1点の物に集約されるのである。複雑なだけに完成したときの喜びはひとしおで、これが客船造りの醍醐味といわれる。

### ダイヤモンドが落ち込まない大きさ

「豪華客船の排水口は、ダイヤモンドが落ち込まない大きさに」。これが、客船ノウハウをもった海外コンサルタントからの、設計担当スタッフへのアドバイス。夜ごとのパーティで宝石を身に付ける日常という、船上生活の特異性がうかがえるエピソードだ。

## 5つ星のその上!?世界中の賞賛がふりそそぐ

客船にはランクがある。このランク付けで権威のあるベルリッツの「クルーズ・ガイドブック」から、最高位の"ファイブ・スター・プラス"を授与された、日本郵船の「クリスタル・ハーモニー」。日本造船学会の「シップ・オブ・ザ・イヤー」も受賞し、また米国「ロサンゼルス・タイムス」のクルーズ客船人気投票でも第一位を獲得と、国内外の造船業界や海運業界、実際に乗船したお客さんから賞賛を浴びたのである。客船の評価は、単に見た目の豪華さだけで判断されるわけではない。横揺れや振動を感じさせない乗り心地、エンジンなどの騒音をどれだけ抑えられるか、パブリックスペースや客室のインテリアからドアノブなど細部の使い勝手の良さまで、厳しく精査される。これらがすべてトップクラスと太鼓判を押されたのである。

## 50年のブランクと三菱の新たな挑戦

この「クリスタル・ハーモニー」、実は三菱重工長崎造船所が50年ぶりに手がけた豪華客船であった。戦前は名だたる客船を造ってきた長崎造船所だが、半世紀も遠ざかっていては、ほぼゼロからのスタートと同じ。新規参入の難しい世界でのビッグチャンスをふいにすまいと、まさに全社一丸となって設計・建造を進めた。当時は、契約から竣工まで通常33カ月といわれていた工期を、2年という最短の時間でやりあげたのも、そのまとまりの良さの証拠。しかし実際には、エンジンの納期の遅れをはじめとする難題や技術的な検討課題を、一つ一つ乗り越えたうえでのゴールだった。(⇒P26)

### スペック（主要要目）

| | |
|---|---|
| 総トン数 | 48,621トン |
| 全長 | 240.96メートル |
| 型幅 | 29.6メートル |
| 公試最大速力 | 23.24ノット |
| 乗客数 | 960名 |
| 乗組員 | 505名 |
| 客室数 | 480室 |
| 起工 | 平成元年4月14日 |
| 進水 | 平成元年9月30日 |
| 竣工 | 平成2年6月21日 |

大海原を進むクリスタル・ハーモニー

## 船ならではの難しさ、「重さ」と「高さ」

　客船の建造がホテルなど陸上の建築物ともっとも異なるのが、安定性を確保するための「重さ」と「高さ」の管理。例えば、キャビンの壁に大理石を使用することでグレード感は出せるが、石だけに重さもかさむ。そこで裏を空洞にして重量を抑える(これを業界用語で「重さを盗む」という)。また船全体の高さを抑えつつ、内部の居住空間をゆったりとるため、天井裏のダクトは必要最低限の空間にきっちり詰めるなど、目に見えない部分にも技術の粋をつくしながら作り込むのである。「クリスタル・ハーモニー」建造では、船造りの工程すべてを検証し直し、部品の重さをはじめとするデータを逐一管理しながら進めたことが、功を奏したといわれる。

館内のカラースキム

ダイニングルーム

## インテリアデザインはヨーロッパに発注

　この船は、クルーズ事業参入を決定した日本郵船が、主にアメリカ市場での乗客獲得を目指すために、昭和63年(1988)に発注した。当然想定される乗客はアメリカ人がメイン。そこで客室やパブリックスペースの1人あたりの面積を世界最大レベルに設け、シートもベッドも大き目にした。インテリアデザインも欧州の有名デザイナー5名と協議して色調やデザインを確定していったという。

　平成18年(2006)からは、名称変更して「飛鳥Ⅱ」として、日本マーケットを中心に活躍することになったが、その際、内装や家具を一部日本人向けにリニューアルし、再デビューを果たした。しかし半数近くの客室がバルコニー付きと、グレードの高さは変わらない。

クリスタルプラザ

# 50年ぶりの豪華客船建造は賭けだった
## クリスタル・ハーモニー（現飛鳥Ⅱ）の開発と設計秘話

三菱重工業株式会社顧問　福島 昭二

## はじめに

長崎造船所史料館の入り口近くにクリスタル・ハーモニーの公室のパース（デザイナーのイメージスケッチ）が展示してある。これは、クリスタル・ハーモニーの内装デザインを担当したスウェーデンのティルバーグら5人の欧州のデザイナーが製作したものである。日本郵船、クリスタルクルーズの幹部とこれらの内装デザインを決めていった。25年前の1989年を昨日のように思い出している。

## 受注・建造することになった経緯

1985年、私は三菱重工ロンドン事務所に勤務していた。当時の世界の造船建造量は現在の5分の1以下で、造船マーケットは低迷していたが、ワルチラ、マイヤーなどの欧州造船所は客船の建造をつづけていた。私としては三菱でも客船建造に取りくむことを検討すべきではないかと考えて、各造船所を見学したり、休日にはイギリス発着のフェリーに乗船したりして情報収集につとめた。三菱本社での駐在員帰着報告では、相当な準備は要るが客船建造に挑戦すべきではないかと述べたものである。

その後社内に客船準備室ができ、多くの設計技術者が調査のために各社の客船に乗船し、配置や機器など調査をおこなった。たとえばグレードの高い客船では乗客が持ち込むラゲージはひとり当たり平均3個で、船内に持ちこんで1時間以内に各客室に配置するための収納場所、移動ルートをいかに確保すべきかなどである。

日本郵船でも、将来の海運事業戦略の一角に客船を位置づけるとの経営方針が出され、5万トンクラスの客船「松」、2.8万トンクラスの客船「竹」、7千トンクラスの探検クルーズ客船「梅」の3案が企画された。いろいろな経緯の結果、「松」クリスタル・ハーモニー、「竹」飛鳥の2隻は長崎造船所が受注、「梅」は神戸造船所が建造することとなった。受注の切り札は、実績の多い欧州造船所でもできない短工期であった。

長崎造船所にとっては、50年ぶりの客船建造で、ノウハウがないのに非常に短い工期で、しかも後発の日本郵船が客船マーケットに参入する戦略として、世界最高グレードの船を建造するという三重苦のプロジェクトを進めることとなった。客船建造は発注側にもリスクがあり、実績がない造船所に発注するのは難しい。日本郵船が長崎造船所に発注したのは宮岡公夫社長の決断であった。私としては宮岡社長の期待に応えなければという意識を強く持っていた。

## 設計・建造が特別なところは何か

客船は物量が多いばかりではない。各機器は高度の信頼性が要求され、技術的に解決すべき課題が数多くある。物量でいえば、ダクト、パイプ、防熱、電線などは、大型タンカーなどの10-30倍はある。これらを各客室、公室の天井や壁の裏に1～2ミリの精度で配置し工作しなければならない。性能（船速、重量重心、振動、騒音など）、品質（エアコン、内装グレード、客の安全など）、機器の信頼性（仮にトラブルが起こっても十分な予備が確保されていること）など、開発・設計作業に膨大な人手が必要である。また、内装や機器の配置・機能に乗客が注文をつける難しさがある。お客様が満足しなければ何度でも修正が必要になる。事実、設計・建造の段階で大量の変更要

左がクリスタル・ハーモニーで、右が飛鳥（長崎港で）

## 対応は全社一丸

　ノウハウゼロの造船所が、世界最短の工期で世界最高レベルの豪華客船に挑戦した。社内トップ以下、長崎造船所の総力をあげなければできないとの認識であった。三菱重工の飯田庸太郎社長から造船所の客船取りまとめ責任者の鈴木孝雄副所長に「天覧試合のようなものだ、頑張れ」とハッパがかかった。相川賢太郎長崎造船所長（引渡時社長）からは「造船屋はタンカーなどのどんがら船をやりたくて造船所に来たのではなかろう。この客船で造船屋の花を咲かせよ」といわれた。

　客船の設計責任者（プロマネ）に私が任命された。最盛期には約400人が私の下で頑張ってくれた。1988年6月に契約してからの2年間はすさまじい戦いの日々であった。設計開始から6カ月での鋼材加工（マーキン開始と云う）は、タンカーと同様の工期で物量数十倍の船を設計するわけであるから、設計関係者は死にもの狂いで設計した。船主の方針変更や仕様変更も多くてマーキン時点での船殻図面は何とか出たが、艤装図面はまとまっていない状態であった。工作部長の決断で、ブロックの搭載日程を2カ月遅らせて何とか工作に間に合うように図面が出るようになった。

　大きな品質問題が発生すれば、引き渡し日程に影響する。品質上の課題を450件洗い出し、毎月私が検討状況を確認していった。設計・工作・資材などの頑張りで船は見事にできあがり、2度の試運転で性能品質的に優れたことが検証されてクリスタル・ハーモニーは1990年6月に竣工した。長く低迷した造船事業環境のなかで完成した船が長崎港を出港するときには、長崎市民が多くの見送りの船を出して送ってくれた。

　クリスタル・ハーモニーはアメリカで5スタープラスの最高ランクの評価を得、クルーズ客の評価も最高レベルとの評価であった。その高い評価がその後のダイヤモンド・プリンセス、現在建造中の客船アイーダの受注につながっている。

■ふくしま・しょうじ
1940年（昭和15年）広島県に生まれる。三菱長崎造船所に入社、船舶の開発・設計に従事。クリスタル・ハーモニーの開発設計の責任者（プロマネ）として短工期で世界最高レベルの客船を完成。その後取締役長崎造船所長など。三菱退任後は日本船舶海洋工学会副会長、長崎大学監事などで社会貢献。

## 豪華客船は夢と情熱と誇りの結晶

# 日本人好みのラグジュアリー船「飛鳥」

続いて建造したのは日本国籍では最大となった豪華クルーズ船。「クリスタル・ハーモニー」のノウハウを活かした進化系は、船上生活を楽しむための仕掛け満載。

### そのグレード感を日本向けにアレンジ

「クリスタル・ハーモニー」が竣工するのと入れ替わるように造られたのが、同じく日本郵船からの発注された「飛鳥」。日本国籍最大の豪華クルーズ船として、特に日本人を対象に設計・建造された船である。もちろん「クリスタル・ハーモニー」のノウハウが随所に活かされ、これまでの日本国籍の船にはない、一級のラグジュアリー感が最大の特徴。主要航路は日本を中心に、東アジア、オセアニア、南太平洋、ハワイなどで、本格的なフライ&クルーズ（飛行機と船を組み合わせる）コースの花形となった。また100日間かけた世界一周も何度もおこなっている。

### 展望大浴場「グランド・スパ」に270度眺望のラウンジ

「飛鳥」ならではのお楽しみもあった。客室は全室海側。進行方向の最前部には270度の眺望（ちょうぼう）が圧巻の「ビスタラウンジ」、展望のきく大浴場「グランド・スパ」を配するなど、船旅を存分に満喫できる心憎い仕掛けが随所に施されていた。

**スペック（主要要目）**

| | |
|---|---|
| 総トン数 | 28,717トン |
| 全　　長 | 192.815メートル |
| 型　　幅 | 24.7メートル |
| 公試最大速力 | 22.0ノット |
| 乗　客　数 | 610名 |
| 乗　組　員 | 244名 |
| 客　室　数 | 292室 |
| 起　　工 | 平成2年4月16日 |
| 進　　水 | 平成3年4月6日 |
| 竣　　工 | 平成3年10月28日 |

長崎総合科学大学の慎教授（P62）提供の「飛鳥」の立体図。客船生活の楽しさがよくわかる

　ちなみに「飛鳥」は平成18年（2006）に引退、ドイツ客船「Amadea」としてバルト海クルーズなどを運行し第二の人生を送っているが、替わって「クリスタル・ハーモニー」が「飛鳥Ⅱ」となってデビューしたとき、「飛鳥」で評判のよかった大浴場が展望露天風呂として新たに設置された。

## あの幻の客船への思いをここに実現

　「飛鳥」の建造には、船主である日本郵船にとって、深いこだわりがあった。昭和14年（1939）、日本郵船のサンフランシスコ航路用に建造を進めていた「橿原丸（かしわらまる）」は、当時この航路の最大客船だったイギリスのEMPRESSより一回り大きい27,700トンだった。純国産豪華客船として、就航すれば文字通りの「太平洋の女王」として君臨していただろう。

　しかし太平洋戦争（第二次世界大戦）勃発とともに、多くの船が海軍に徴用されていくなか、竣工前の「橿原丸」もまた、航空母艦「隼鷹（じゅんよう）」に改装されてしまう。結局、「隼鷹」は米潜水艦の電撃を受け中破し、戦後は解体された。

　日本郵船の幻の「橿原丸」を復刻したい！　という思いを受け、「飛鳥」建造にあたっては「橿原丸」を基準とし、なだらかな船尾部と広いプロムナードデッキ、日本郵船伝統の「二引（にびき）」と呼ばれる赤の二本線のファンネル（煙突）を持ち、しかもほぼ同じ総トン数（28,717トン）とした。平成3年（1991）、平和の時代に造られた「飛鳥」は、無事、豪華客船として華麗なるデビューを果たしたのである。

橿原丸
建築界の大御所、前川國男と丹下健三設計の木造プールも計画されていたという ㊂

隼鷹 ㊂

## 豪華客船は夢と情熱と誇りの結晶

# 11万5875トンの美人姉妹
# ダイヤモンド・プリンセス&サファイア・プリンセス

長崎生まれの美人姉妹の2隻は、国内最大級のスケールでありながら、最新テクノロジー搭載の豪華客船。奇跡の復活をとげ、今日も優雅に世界の海を東へ、西へ。

大海原を航海するダイヤモンド・プリンセス(写真提供・Princess Cruises)

### スペック(主要要目)

| | |
|---|---|
| 総トン数 | 115,875トン |
| 全　　長 | 290.2メートル |
| 型　　幅 | 37.5メートル |
| 運行速力 | 22.1ノット |
| 最大乗客収容数 | 3078名 |
| 客室数 | 1351室 |

◆サファイア・プリンセス◆

| | |
|---|---|
| 起　工 | 平成13年6月4日 |
| 進　水 | 平成14年5月25日 |
| 最進水 | 平成16年9月25日(火災復旧後) |
| 竣　工 | 平成16年5月27日 |

◆ダイヤモンド・プリンセス◆

| | |
|---|---|
| 起　工 | 平成14年3月2日 |
| 進　水 | 平成15年4月12日 |
| 竣　工 | 平成16年2月26日 |

### 初の海外クルーズ社注文、それも世界最大級

　多数のクルーズ客船を運行するイギリスのP&Oプリンセスクルーズ社の最新鋭客船として受注したのが、「ダイヤモンド・プリンセス」と「サファイア・プリンセス」の2隻の豪華客船。その大きさたるや、11万5875総トンと当時としては世界最大級。大手海外クルーズ社からの受注も国内初めてならば、客船サイズもこれまで国内で建造された客船をはるかに上回るというスケールに、長崎造船所はもとより、長崎中が興奮に包まれた。

## 新しいコンセプトの船旅の提案

「ダイヤモンド・プリンセス」と「サファイア・プリンセス」。この2隻の姉妹船は、新時代にふさわしい新しい船旅を提案するコンセプトが話題となった。例えば客室の72％が海に面しており、その78％は専用バルコニーを設置。娯楽施設も、2層式シアターや開閉式屋根の屋内プール、3層吹き抜けのアトリウムなど、開放的な造りにした。

また、レストランは従来の前後半どちらかの時間を選択する2シーティング制ではなく、好きな時間に好きな場所で好みの食事ができるシステムに。5つのメインダイニングのほか、ピッツェリアや24時間サービスのブッフェレストランを設けたのである。退屈知らず、堅苦しいルールに縛られない、自分の時間を自由に設計できる船旅が、多くの乗客の心をとらえたのは必然だろう。

吹き抜けのアトリウム
（写真提供・Princess Cruises）

こちらはサファイア・プリンセス（写真提供・Princess Cruises）

豪華客船は夢と情熱と誇りの結晶

# これが夢の豪華客船だ!
# 「ダイヤモンド・プリンセス」「サファイア・プリンセス」
# 船内写真集

(P32-33の写真提供・Princess Cruises)

プールサイドでは大型スクリーンで映画上映

大人専用の屋外リラクゼーション・スペース

メインダイニングほか和食、ステーキハウスも

ラスベガススタイルのダンス・ショー

ブッフェや軽食などチョイスも多彩

外国船クルーズならではのカジノもお楽しみ

デッキには大小プールがあり、なかには大人限定の「スパ・プール」も。ジャグジーやスパも充実している

写真・左上がスイート、右上海側バルコニー、右下内側

## 極上の時間を過ごせる客室とサービス

　クルーズの醍醐味は、洋上での時間をいかに過ごすかにある。刻々と変わる空や海のダイナミックな光景を日がな一日眺めるもよし、プール、ジム、スパ、映画館、カジノなどアクティビティも豊富で退屈知らず。全1351室の客室は、最大6名収容のファミリースイート、海側バルコニー、リーズナブルな内側などクラスに応じた料金設定で、クラスによっては車いす対応のバリアフリー仕様の客室も完備されている。

## 環境にやさしい、さまざまな技術の集大成

　この2隻の"プリンセス"の大きな特徴のひとつが、最新テクノロジーを搭載しているということ。例えば、発電推進システムは、次世代排煙低減型中速ディーゼル機関4基とガスタービン1基で構成されている。ゴミ焼却や汚水処理機能も排ガスや不純物を除去する装置を設置し、碇泊(ていはく)中も船からの排ガスはいっさいない。低振動、低騒音のための新しい低起振力プロペラの開発や船体防振設計で、波の上を感じさせない静かな空間を実現している。

### さらに進化するアクティビティと食

　ダイヤモンド・プリンセスは、近年おこなわれた改装により、さらにアクティビティが増えた。大海原を見渡しながら大きな湯船につかれる「泉の湯」(写真上)、そして食のお楽しみとしては「海(Kai)寿司」(写真下)が新設されたのである。

## ⚓5 豪華客船は夢と情熱と誇りの結晶

# 長崎造船所における歴代客船の系譜

長崎造船所の豪華客船の系譜は、明治まで遡る。複数の姉妹船として次々建造されていった客船は、流行のアールヌーボーのデザインに日本の工芸の粋を尽くした装飾が施された。

### なぜ2隻3隻まとめて？

通常、客船は2隻、3隻とほぼ同時（あるいは続けて）造るものである。それは資材など1隻分よりも複数の方が単価が下がるから。また同じ設計図が使える、1隻目の問題点を2隻目で改善できる、などのメリットもあるのだ。

### 明治41年 世界最大のスチームタービンの客船「天洋丸」「地洋丸」「春洋丸」

日露戦争後、日本では、改めて海運に力が注がれるようになる。折しも東洋汽船が太平洋を横断してアメリカ大陸に渡る「サンフランシスコ」線で外国勢と競り合っていた。しかし手持ちの6000トンクラスの船では勝ち目がないと判断、大型船の建造に乗り出した。

そこで長崎造船所に発注し明治40年(1907)～44年(1911)続々と誕生したのが、13,454トンの「天洋丸」「地洋丸」「春洋丸」の3隻。いずれもスチームタービンを採用した船としては、世界最大の客船だ。

船内の写真から見て取れるのは、優雅でゴージャスなインテリア。アールヌーボーの曲線のなかに、ちらほらと日本趣味がちりばめられている。ちなみにスイートルームや「婦人同伴で飲酒、喫煙自由の社交室である"ロンジ"(ラウンジ)」が日本で初めて設けられたのも、このクラスの姉妹船だった。（上の写真は天洋丸 ≡）

#### 天洋丸　スペック

| | |
|---|---|
| 長（垂線間） | 550フィート（約168メートル） |
| 巾（型） | 63フィート（約19メートル） |
| 総トン数 | 13,454トン |
| 試運転速力 | 20,608ノット |
| 竣工 | 明治41年4月 |

上・春洋丸のロンジドーム。扇のレリーフが美しい。下左、天洋丸クラスの一等食堂のドーム切断図。中央には東郷元帥の像。下右、天洋丸クラスの配置図 ㊂

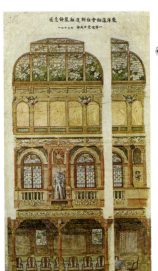
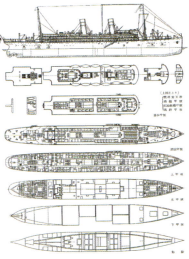

### 太平洋横断で
### How much?

　アメリカに渡るには船しか交通手段がなかった明治期。「天洋丸」の運賃がいくらなのか気になるところ。長崎からハワイ・ホノルルまでの船旅で、1等257ドル、一番安い和食3等で103円。サンフランシスコまでは1等334ドル、和食3等123円。なぜか1等はドル建て、3等は円表記。ちなみに明治40年ごろの物価でいえば、白米10キロが1円。長崎―サンフランシスコ間は今の物価感覚でいうと40万円前後となる。

35

龍田丸一等プール。支柱は大理石張りでローマ様式 ㊂

## 昭和4年 太平洋の貴婦人「浅間丸」と、姉妹船「龍田丸」

　第一次世界大戦後とそれに続く経済不況、またワシントン軍縮条約の影響で、海運、造船業界の低迷を打破すべく望みをかけられたのが、「浅間丸」「龍田丸」。これは、東洋汽船からサンフランシスコ航路を継承した日本郵船が建造を計画し、昭和2年(1927)長崎造船所の第一船渠で起工された。当時、船の装飾は、世界的流行のアールヌーボー派と、日本古代建築様式の二手に分かれていた。「浅間丸」の場合、乗客の1／3は外国人であることから、艤装の材料や機材は輸入し、一等公室の設計はイギリスの会社に発注している。処女航海では、横浜―サンフランシスコ間約9000キロを12日間7時間46分という、他の船より丸1日短縮の新記録を打ち立て、「太平洋の女王」として人気を博す。吉田茂元首相やハリウッド俳優など、多くの要人を運んだ。しかし両船とも、戦争勃発とともに海軍に徴用され、戦火に沈んだのである。

| 浅間丸　スペック | |
|---|---|
| 長（垂線間） | 560フィート（約170メートル） |
| 巾　（型） | 72フィート（約22メートル） |
| 総 ト ン 数 | 16,946トン |
| 速　　力 | 20.713ノット |
| 旅 客 定 員 | 822名 |
| 起　　工 | 昭和2年9月10日 |
| 進　　水 | 昭和3年10月30日 |
| 引　　渡 | 昭和4年9月15日 |

史料館には「浅間丸」で実際に使用されていた椅子が展示されている。家具は国内メーカーも製作に協力していた ㋕

浅間丸の英語パンフレット ㊂

## 昭和14年 日本初の世界一周をした「あるぜんちな丸」、姉妹船「ぶらじる丸」

　昭和14年、大阪商船は、日本の移民政策を推し進めるための南米航路を開拓、2隻の客船を発注。それが「あるぜんちな丸」「ぶらじる丸」。上部構造は流線形で煙突上部も丸みを帯びており、目新しさが際立つ外観だった。しかし、時代の風潮が国粋主義を帯びていたこともあり、船内装飾は日本調、資材もほとんど国産。ちなみに、「あるぜんちな丸」は、日本で初めて世界一周した客船でもある。このときの航路はケープタウン経由で3ヵ月だった。

| あるぜんちな丸　スペック | |
|---|---|
| 長 | 155メートル |
| 巾 | 21メートル |
| 総 ト ン 数 | 12,755トン |
| 速　　力 | 21ノット |
| 旅 客 定 員 | 901名 |
| 起　　工 | 昭和13年2月 |
| 進　　水 | 昭和13年12月 |
| 竣　　工 | 昭和14年5月 |

モダンな八幡丸ロンジ ㊂

船は英語の代名詞では「She」、フランス語でも女性名詞。そこで同時に建造された船は「兄弟船」ならぬ「姉妹船」と呼ばれる。史料館には、3姉妹である「新田丸」「八幡丸」「春日丸」を擬人化したユニークな絵葉書が展示されている。タスキがけが昭和レトロで可愛らしい。ところで「新田丸」「八幡丸」「春日丸」のそれぞれの頭文字が「N」「Y」「K」。日本郵船株式会社＝N.Y.Kにちなんだ命名なのである ㋖

## 昭和15年 冷房設備を乗せた船「新田丸(にった)」「八幡丸(やわた)」「春日丸(かすが)」

　欧米航路用貨客船として注文されたのが、「新田丸」「八幡丸」「春日丸」。日本郵船による「25隻25万頓台の造船計画」の白眉とされた。「新田丸」は17,128トン、22,5ノットを誇るタービン船で、そのうえ1・2等公室、1等客室に冷房設備を備えるという画期的なもの。これは当時「大西洋の女王」と呼ばれたイギリスのQUEEN MARY（クイーンメリー）もNORMANDIE（ノルマンディ）もなしえなかったことだけに、海運界、造船界とも目を見張った。しかし、世界は急速に戦争の混乱になだれこみ、結局この3隻も航空母艦(沖鷹・雲鷹・大鷹(ちゅうよう うんよう たいよう))などに改装されてしまったのである。

| 八幡丸　スペック ||
|---|---|
| 長 | 168メートル |
| 巾 | 22.5メートル |
| 総トン数 | 17,128トン |
| 速力 | 22.2ノット |
| 旅客定員 | 285名 |
| 竣工 | 昭和15年7月 |

あるぜんちな丸(下・右)の煙突は、それまでの船の煙突と違い流線型。未来志向の優美なデザインが、客船通の間で話題になった ㊂

# 新造客船火災事故からの復旧と信頼回復への思い出

三菱重工業株式会社顧問・㈱九州スチールセンター代表取締役社長　松村　栄人

## クルーズ客船観光の定着を実感

　2014年5月3日18時、長崎市を訪れていた豪華客船「サファイア・プリンセス」は松ヶ枝ふ頭を離岸、湾口の方向へむかって女神大橋の下をくぐりぬけた。船上の乗客が、橋上で見送る私たちを見あげ、手をふった。瞬間、船上から「また来るねー」の日本語が聞こえた。豪華クルーズ客船での観光が日本に定着したな、と感じた一瞬であった。と、同時に約12年前のできごとが私の脳裏に鮮明によみがえってきた。

## 復旧は「不撓不屈」で

　三菱重工業長崎造船所は2000年、2隻の豪華客船を受注した。これら2隻を建造中の2002年10月1日17時15分、同造船所立神工場の向島岸壁で艤装工事中の1番船ダイヤモンド・プリンセスの中央部客室付近で火災が発生した。火炎は船の4割に当たる約5万㎡を焼きつくし、3日早朝、約36時間ぶりに鎮火した。新造中の事故としては日本造船史上最大の火災といわれ、廃船も懸念されたが、幸い機関室が無事だったこともあり、10日には船主との間で復旧が決まった。このとき、先に引き渡す船を「ダイヤモンド・プリンセス」と命名したいとの強い船主の意向により、異例の「予定船名替え」をおこなうことになり、被災した船を「サファイア・プリンセス」と改名することが決まった。

　鎮火後の動きは速かった。復旧工事は同造船所香焼(こうやぎ)工場の50万トン修繕ドックでおこなうこと、火災復旧プロジェクトを立ちあげ、修繕ドックに隣接した被災船の鼻先にある事務所を復旧センターとすることなどが決まった。復旧プロジェクトは約100名の造船部門社員を含め約1000名程度(ピーク時は約2500名)で構成された。火災前と寸分違わぬ姿に戻すため、全員が「立神復興がんばるぞ!」と書かれたオレンジ色の肩章をつけ、不撓不屈の精神で立派に復元してやるぞ、との意気ごみをもって戦さは始まった。それは時間との闘いでもあった。

　10月21日、被災船を香焼工場へ曳航した。この時点ですでに資材調達部隊は、火災で失われた鋼材や電線、膨大な数の艤装品類の再発注作業の山場にさしかかっていた。現場での最初の難関は、焼損した船体部分や機械類を安全にかつ環境汚染にも配慮しながら解体・撤去することであった。入念に解体順序を決め、慎重に作業を進めておこなった。初めて見る多数の解体用重機が渠底で動く様は、さながら恐竜の乱舞に見えたが、物悲しい風景でもあった。無事解体を終えたのは12月末であった。撤去重量は8500トンに及んだ。

　つぎは再製作中の船体、艤装品の搭載だ。船体製造用の鋼材は製鐵所の突貫工事により11月半ばには入荷がはじまっていた。板の切断も同時にはじまり、最初の再生ブロックの搭載は年が明けた1月6日に開始した。日ごとに新しいブロックが積まれていく、香焼工場では、LNG船など多数建造中であったが、昼夜を惜しまず被災船のブロック造りに専心した。

　いっぽう、火災のとき、延焼を免れた部分にも大きな爪痕がのこっていた。消火放水量は36時間のあいだに推定2万6000トンにおよんでしまった。一度海水に洗われた船体や各種機器類については海水影響の除去作業に加え、臭い、カビの除去に多くの時

ブリッジから手をふって見送る乗客。2014年5月3日に長崎港を去る「サファイア・プリンセス」(筆者撮影)

間を割いた。また、クリーニングに使用した洗浄水はドック内で回収し、造船所で無害化処理を施すなど、環境汚染対策も復旧工事の大きな柱であった。

### 英国船主は変貌に「ミラクル!」の声

3月になると船体も元の姿を取りもどしつつあった。英国船主チームが来日するたびにドラスティックに変貌していくため、「ミラクル‼」との声も聞かれ、大きな励ましとなった。工事はいよいよ拍車をかけ、約6000トン、394個のブロックをすべて積み終えたのは5月24日、火災発生から約8カ月が経過していた。外観は元通りになったが艤装復旧工事は相変わらず継続していた。

9月15日、火災発生からまもなく1年となるころ、セレモニーをおこない、通常の建造工事にもどった。セレモニーに列席した多くの関係者が、翌年5月末の完成を祈った。2004年2月末の完成に向けて急ぐダイヤモンドと追うサファイア。1隻1000万点という物量の多さに一進一退の日々がつづいた。出口はそこまで見えているのに進まない、私は天を仰ぐ気持であった。総力をあげた戦いのあと、2隻は予定通り引き渡され、

おびただしい物量との戦いは終わった。

なぜ2隻の豪華客船を3カ月差で完成させることができたのだろうか。船主の深いご理解に加え、地元の支援も力になった。三菱重工全社を挙げた協力体制も機能し、天候や運も幸いした。何よりもこの客船建造、復旧に携わった社内外すべての関係者のベクトルが「納期を守る。約束した品質を守る」という1点に集中できたこと、それが炎の魂となって不可能を可能にできたものと確信している。

そしてこの実績が船主の信頼へとつながり、去る2011年に、より大きな豪華客船2隻の受注につながったものと思う。現在これら2隻の建造に取りくんでいる現役の皆さんのご奮闘を祈るばかりである。

(2014年7月記)

■まつむら・しげと
1950年鹿児島県生まれ。1973年三菱重工業㈱入社。艦艇部長のとき客船火災発生。以後、客船復旧PJ統括、長崎造船所副所長として客船建造に携わる。執行役員船舶海洋事業本部副事業本部長を経て現職。

# 第❸章
# 戦艦「武蔵」建造にかけた造船所の秘密

第二次世界大戦時下の日本は、秘密裏に世界最大級の大型戦艦2艦の建造に着手した。1艦は有名な戦艦「大和」、そして同型のもう1艦が三菱重工長崎造船所で建造された戦艦「武蔵」だった。

元三菱重工長崎造船所社長で戦艦「武蔵」建造主任代理だった古賀繁一氏寄贈の「武蔵」の絵 ㊂（史料館に展示）

## 戦艦「武蔵」建造にかけた造船所の秘密

# 戦艦「武蔵」は「バケモン」と呼ばれた

史料館の目玉ともいうべき存在が戦艦「武蔵」のコーナー。昭和13年から17年、長崎造船所で極秘裏に進められていた「武蔵」建造にまつわる貴重な資料が展示されている。

ブルネイ出撃の「武蔵」

### バケモン「武蔵」の正体

「武蔵」の全長は263メートル、最大幅38メートル、排水量7万2千809トン。速力27ノット。18インチ(46センチ)砲3連装、砲塔3基、計9門。乗組員2千5百名。これほどの巨大艦を造るために、長崎造船所ではガントリー・クレーン、海上起重機、動力船の新造、そのほか建造関連施設の拡充や新設もおこなわれた。

### スペック(主要要目)

| | |
|---|---|
| 総トン数 | 7万2千809トン |
| 全長 | 263メートル |
| 最大幅 | 38メートル |
| 公試最大速力 | 27.46ノット |
| 乗組員 | 2500名 |
| 起工 | 昭和13年3月29日 |
| 進水 | 昭和15年11月1日 |
| 竣工 | 昭和17年8月5日 |

### 戦艦「武蔵」の最後

長崎造船所が第二次世界大戦終結までに建造した80隻の戦艦のなかでも、「武蔵」は建艦技術の頂点に立つ艦艇だった。昭和18年(1943)2月、連合艦隊の旗艦となり、太平洋各海域を転戦。翌19年(1944)10月、レイテへ向けてブルネイを出撃したが、魚雷や爆弾の攻撃を受け、10月24日19時35分にシブヤン海に沈んだ。不沈艦とよばれた「武蔵」の最後だった。

## 長崎造船所に建造依頼された「800番船」

昭和12年(1937)、大日本帝国海軍艦政本部は、諸外国に対抗するために主力艦数の不足を個艦の優秀性で補おうと、同型の戦艦「大和(第1号艦)」と「武蔵(第2号艦)」の建造を計画した。建造には、世界最大級の規模に応えられる設備と技術の整った造船所が必要とされた。

しかも徹底した機密保持が求められた。そこで建造場所に選ばれたのは、戦艦「大和」が呉海軍工廠の造船ドック、「武蔵」は民間会社ながら実績のあった三菱重工長崎造船所だった。

建造当時、従業員に「武蔵」の艦名は知らされず「800番船※」と呼ばれたが、その艦の大きさから陰で「バケモン(化物)」とささやかれていたという。

※三菱重工長崎造船所では建造船すべてに通し番号をつけている。武蔵は800番船だった。

残された写真が数えるほどしかない「武蔵」を、この角度から観られるのは模型ならでは。史料館に展示されている「武蔵」の模型 Ⓚ

昭和18年(1943)6月24日の昭和天皇「武蔵」行幸。「武蔵」が横須賀に寄港したとき極秘で撮影された

## 戦艦「武蔵」を三菱重工長崎造船所史料館で

三菱重工長崎造船所史料館には、「戦艦武蔵コーナー」が設置されている。ここでは、主な常設展示物を紹介したい。

**おおがたびょうじめき**
**大型鋲締機**
鋲締機とは、圧縮空気や油圧を用いて鋲(リベット)を打ち込んで締めつけ、端をつぶして鋲の頭を作る機械のこと。重さは49kg。「武蔵」の鋲締数は6,491,248本にものぼり、ほかの軍艦に比べて圧倒的に多かった。

**けんぞうにっし**
**建造日誌**
正式名称は『S800番船建造日誌』で、「武蔵」の建造経過を記録したもの。全15冊のうちの第1冊分。終戦のときに、建造技術責任者らが関係資料の消滅を惜しみ、密かに自宅に持ち帰っていたため、現存しているという。

**こうごう**
**「武蔵」竣工記念品の香盒**
香を入れるふたつきの小さな容器のこと。木地、漆器、蒔絵(まきえ)、陶磁器などがある。「武蔵」は昭和17年(1942)8月5日、呉にて竣工。この香盒は吉村氏が元造船所職員の大宮丈七氏から一時預かり、大宮氏死去後に返却したもの。

**しこうせつだんようおの**
**支網切断用斧**
昭和15年(1940)11月1日の進水時に使用された斧で、柄には「第二號艦」と記されている。進水式では、最後まで船をつなぎとめておく1本の綱を銀の斧で切断することを「支網切断」という。

## 2 戦艦「武蔵」建造にかけた造船所の秘密

# 巨艦「武蔵」の姿を覆い隠した秘策とは!?

すり鉢の底に例えられる長崎の港は、四方から眺められる。そこで戦艦「武蔵」建造計画を極秘裏に進めるために、あっと驚く奇想天外な作戦が練られた。

### 前代未聞の「シュロスダレのカーテン」大作戦

戦艦「武蔵」建造計画は、敵国に漏れてはならず、とくに18インチ砲搭載については、日本海軍の極秘事項であった。機密保持のための宣誓をした長崎造船所関係者の最大の悩みは、第二船台で建造中の巨体を、長崎のまちの人々の視線からどうやって隠し通すかであった。

吉村昭は、当時の関係者に会い、この謎について詳細に調査している。『戦艦武蔵ノート』によると、「武蔵」の巨体の周囲を覆い隠したものは、高さ3メートルで面積9万9,500平方メートルの波板トタン塀と、シュロ縄をスダレのように縦横に編んでつなぎ合わせ、船台の両側を覆ったシュロスダレの巨大なカーテンであった。

#### 貞方夫人の貴重な証言

元海軍大佐の貞方静夫氏は「武蔵」が進水式を終えた昭和16年(1941)秋に長崎に赴任し、海軍として艤装を監督した人物。博多の貞方氏を訪ねた吉村昭は、貞方夫人がグラバー邸からのぞき見たシュロスダレの様子について、以下の証言を得ている。「……なんですかムシロのようなものがいっぱい垂れていましてね。艦橋というのでしょうか、その先端が、裏山の頂上より上に突き出ていたのを今でも記憶しています。……」(『戦艦武蔵ノート』より引用)。

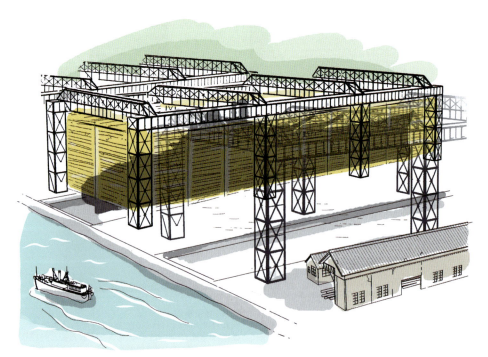

第二船台を覆うシュロすだれの想像図(画:マルモトイヅミ)

左の高い建物が大浦海岸通り目隠し倉庫。昭和15年(1940)完成。昭和37年(1962)2月解体。右の建物は英国米国領事館
(矢野平八郎氏提供)

## "シュロ網縄の遮蔽物"に関する長崎造船所の記録

### 長崎特有の地形に苦心

シュロスダレの巨大なカーテンについて、『創業百年の長崎造船所』によると、「昭和13年3月、第2号艦(武蔵)の建造が開始されると、外部から第一、第二船台を遠望されるのを避けるため、船台の周囲に遮蔽物を設置することになった。……建造中の第二船台ガントリーには、845,000フィートにおよぶシュロ網縄を垂下した。このため漁業用のシュロ縄が乏しくなり、業者から抗議をうけたこともあった」と記されている。巨艦遮蔽のために使用されたシュロ縄は長さ約2,710キロメートル、シュロ縄スダレの総重量は約410トンという前代未聞の膨大な遮蔽物だったのである。

長崎造船所の船台が並ぶ長崎港の地形は、機密事項とはいえ、建造中の巨艦の姿をすべて覆い隠すには、まことに不適当な地形といえた。海を隔てた両岸はすり鉢状の底の部分に当たり、船台の背後は長崎市内で最も標高のある稲佐山が控え、海を隔てて向こう岸には外国領事館があり、南山手・東山手の丘陵が続いていた。長崎市民や外国人の視線を避けることは、容易なことではなく、長崎造船所関係者の苦労と技術力は、並大抵のものではなかったのである。

身近にあるヤシ科のシュロの木 ⓪

## 3 戦艦「武蔵」建造にかけた造船所の秘密

# 吉村昭『戦艦武蔵』で読む造船マンの人間ドラマ

戦艦「武蔵」の存在は、この小説抜きには語れない。船にまつわる物語を圧倒的な筆力で描き切った『戦艦武蔵』と、その取材過程を克明に記した『戦艦武蔵ノート』。

吉村 昭 ◎

### 徹底した取材から生まれた記録小説の金字塔

　作家吉村昭がまだ無名時代に、幾度も長崎に足を運び、戦艦「武蔵」建造にたずさわった長崎造船所関係者に綿密な取材をおこない、昭和41年（1966）に完成させたのが『戦艦武蔵』だった。同作品は、現場、証言、史料を徹底的に取材し、「武蔵」の極秘の建造から壮絶な終えんまでを綿密な構成力で克明に描いている。人間が狂気的なエネルギーを注いだ戦争は何だったのか？という戦争の本質に迫る記録文学の大作だ。出版時には90万部を売り上げベストセラーとなり、同作品と『関東大震災』などにより菊池寛賞を受賞。著者の以後の執筆姿勢を方向づけた記念碑的作品となった。同作品は現在も読み継がれ、増刷をつづけている。

#### 吉村昭プロフィール

昭和2年（1927）、東京生まれ。学習院大学中退。昭和41年（1966）に『星への旅』で太宰治賞受賞。『戦艦武蔵』発表以後、周到な取材で綿密に構成された記録文学や長編作品を次々に発表。『ふぉん・しいほるとの娘』（吉川英治文学賞）など、長崎を題材にした作品も多数。主な作品に『冷い夏、熱い夏』（毎日芸術賞）、『破獄』（読売文学賞）、『天狗争乱』（大佛次郎賞）などがある。

### こだわりの『戦艦武蔵ノート』

　敗戦後の進歩的文化人の変わり身の早さを痛烈に批判する冒頭ではじまる『戦艦武蔵ノート』。作家吉村昭を突き動かした『戦艦武蔵』執筆の経緯を、綿密にたどっていく取材記録だ。同作品には長崎での造船所関係者インタビュー取材や現場取材も詳しく記されている。とくに興味を引かれるのは、建造中の「武蔵」の姿を覆い隠すためのシュロの入手経路と、図面紛失事件の全貌に迫っていく徹底した取材過程だ。この2つの項目は、のちに小説『戦艦武蔵』の重要な部分を構成していくことになる。

『戦艦武蔵』（新潮社）表紙。初版本は史料館「吉村昭コーナー」に展示されている

『戦艦武蔵ノート』（岩波現代文庫）表紙

## 長崎を愛した東京人「吉村昭コーナー」の新設

平成23年(2011)4月、史料館「戦艦武蔵コーナー」の一角に、「吉村昭コーナー」が新設された。平成18年(2006)7月31日に吉村氏が79歳で亡くなったあとに、妻で芥川賞作家の津村節子氏から「長崎にぜひ展示してもらいたい」と遺品寄贈の申し出があり、史料館に常設展示することになった。コーナーには、吉村氏の写真、代表作品、取材メモ、愛用の万年筆などゆかりの品々30点あまりが展示されている。

「吉村昭コーナー」で観られる直筆の原稿 Ⓚ

## 吉村昭が取材で立ち寄ったゆかりの場所

昭和41年(1966)3月30日早朝、小説『戦艦武蔵』執筆準備の取材のために、吉村昭は初めて長崎駅に降り立った。『戦艦武蔵取材ノート』によると、このときの訪問先は長崎造船所、浪の平、県立長崎図書館、新地中華街、長崎市役所、神ノ島など。「旅になくてはならないものは、魚を食べ地酒を飲むことである」。旅行が趣味であったという吉村は、思案橋の小料理屋で出されたブリの刺身が「ひどくうまかった」、「魚がうまい長崎は、私にとって恰好の旅先であった」と記す。だんだん長崎の魅力にとりつかれた吉村は、『長崎の鐘』著者の永井隆博士の住まいであった如己堂を訪れ、長崎にひとり住みたいという思いがけない衝動にかられたという。

### 新聞投稿欄投書秘話

『戦艦武蔵』取材以来、長崎びいきとなり、100回以上長崎を訪れた吉村昭。ところが、平成14年(2002)10月、吉村氏に「当分の間、長崎へ足を向けたくない」と思わせた重大事故が起きた。長崎造船所で発生した大型客船「ダイヤモンド・プリンセス」の火災事故だ。その悲しみと心配のあまり、吉村氏は随筆執筆依頼を断り、長崎新聞の読者投稿欄に「激励」の文章を投書し、掲載された。このとき、作家吉村氏本人の投書かどうかの確認のために、新聞社内では一騒動あったらしい。

思案橋。この近くの小料理屋が吉村氏の行きつけの店だった。ちゃんぽん・皿うどんも新地中華街でよく食べたという Ⓞ

永井隆博士が晩年に住んだ如己堂 Ⓞ

## 4 戦艦「武蔵」建造にかけた造船所の秘密

# 長崎造船所で建造した軍艦と主な艦艇

明治から昭和にかけての長崎造船所にとって、軍艦の建造は技術革新の連続だった。海外との技術提携をおこない、いつしか東洋一の規模へ。戦後は艦艇建造に力を注ぐ。

### 戦艦「武蔵」はブロック工法採用

　軍艦建造は、造船業界にとって技術革新の歴史でもあった。第二次世界大戦中に海軍艦政本部が発案したのが、船体をいくつかの塊に分けて造り、最後につなぎ合わせるブロック工法。当時世界最大級の戦艦「武蔵」の秘密裏の建造にも採用された。この工法は、作業期間の短縮や作業効率化を実現し、戦後日本の工業復興と造船業界の発展に大きく貢献している。また、「武蔵」建造にともない、長崎造船所の第二船台の改造とガントリー・クレーン延長など、造船設備の拡充がおこなわれた。

## 戦前・戦中の戦艦建造

　長崎造船所がはじめて海軍の小型水雷艇「白鷹」を受注したのは明治31年(1898)のことだった。このころから、軍艦建造の技術的研究が密かにはじまり、後年の巨大艦建造の布石となっていった。以後、近代造船所として設備投資をおしまず、海外との技術提携を積極的におこなった結果、日露戦争前夜には艦船の受注態勢が東洋一の規模を誇る造船所へと発展した。大正期に入ると第一船台ガントリー・クレーンが新設され、巨艦建造が可能となり、大正7(1918)年には戦艦「日向」が竣工した。第二次世界大戦が終わる昭和20年(1945)までに、戦艦「武蔵」など80隻の艦艇が長崎造船所で建造されている。

写真上　公開試運転中の戦艦「日向」
写真下　大正10年(1921)12月18日の戦艦「土佐」の進水式。このとき、くす玉が割れないトラブルがあった

昭和30年代はじめ、3〜4万トン級の油槽船が進水まで約3カ月半で組み立てられた。当時は英国の著名造船所でさえ5カ月はかかった

## 戦後建造の護衛艦

　第二次世界大戦終戦から11年が経過した昭和31年(1956)、三菱重工長崎造船所で甲型警備艦「はるかぜ」が誕生した。日本にとっても長崎造船所にとっても戦後に建造された第1番艦となった。以来、船体建造、強度、運動性能の改善などに力を注ぎ、排水量5千トンクラスの艦艇が建造されるようになった。戦後の艦艇は、エレクトロニクスの発達によって、イージス艦など艦の性能は飛躍的に向上している。

甲型警備艦「はるかぜ」。昭和31年(1956)
4月竣工、1,700トン、3万馬力、30ノット

「あまつかぜ」。昭和40年(1965)2月竣工、
3,050トン、6万馬力、33ノット

「はたかぜ」。昭和61年(1986)3月竣工、
4,600トン、7万2千馬力、30ノット

「こんごう」。平成5年(1993)3月竣工、
7,200トン、10万馬力、30ノット

## 戦艦「土佐」と愛八

　大正10年(1921)に建造し進水した戦艦「土佐」は、翌年に成立したワシントン軍縮条約により廃艦処分となった。相撲と海軍好きで知られた長崎の名妓愛八は、「土佐」が呉に曳航され海中に沈められると知ると、出航前夜の海軍と長崎造船所の夕食会の席で、「土佐」を慈しむ唄を即興で披露した。
「♪土佐はヨイ子じゃ、この子を連れて、薩摩大隅富士が曳く　♪鶴の港に　旭はさせど、わたしゃ涙に　くれ港」
　このエピソードは、長崎生まれの劇作家永見徳太郎が『文化公論』昭和9年(1934)3月号に「軍縮秘話　戦艦土佐の運命」と題して寄稿し有名になった。

小説『長崎ぶらぶら節』の主人公の愛八

『文化公論』昭和9年3月号

## 吉村昭インタビュー（再録）
# 『戦艦武蔵』執筆の裏側
# 対岸から徹夜で工場を眺めて構想を練る

　このインタビューは2005年7月4日に長崎県人クラブ機関誌のためにおこなわれたものである。吉村昭氏は、「長崎には107回訪ねた」と語ったが、これ以降長崎を訪ねることなく他界された。機関誌の記事を抜粋して戦艦武蔵関係にしぼってまとめた。

（聞き手・文：堀憲昭、写真：宅島正二）

### 武蔵取材が最初の長崎訪問

―― 戦艦武蔵の創作ノートはいつからのものですか。

**吉村（◆）**　私が最初長崎にいったのは昭和41年（1966）です。そのときからのノートです。

―― 最初の長崎ですか。

◆　そう、38歳のときですね。芥川賞候補に4回なっただけで受賞できない無名作家です（笑）。もう、女房（津村節子）は芥川賞受賞していましたがね。ぼくは会社を辞めて退職金もあったんで、長崎にいったんです。

―― 戦艦武蔵の取材ですよね。

◆　そう。三菱造船所に行きました。図書館にも行った。そのときお会いしたのが（県立長崎図書館長の）永島正一さんでした。永島さんとは銅座の小料理屋で一杯飲むというのが恒例になっていました。14、5年前かな、永島さんが「吉村さん、きょうで65回目ですよ」という。記録してたんだね（笑）。それから自分でも数えはじめた。

―― その後なんども長崎に通われた。

◆　ちょうど100回目のときに、知事の高田勇さんが、「長崎奉行」という焼き物をくださった。で、記念講演をしました。去年（2004年）の長崎行きで107回です。（注：これが最後の長崎となった）

―― 『戦艦武蔵』執筆のころの話をうかがいます。長崎テーマではこれが最初ですか。

◆　そうですよ。金がないものだから夜行列車でいってね。小さな和風旅館に泊まって十日間くらいいました。安かったからね（笑）。

―― どんな取材でしたか。

◆　造船所の対岸の浪の平というところがありますよね。そこの海岸で深夜遅く、造船所をジッと見ていました。夜間も就業しているわけですよ。時間を忘れて見ていると、近くの天主堂の鐘が鳴り始めましてね。朝の。

―― 早起きしていったということですか。

◆　いいえ、夜通し見ていたんですよ。戦艦武蔵なんて、こちらは素人ですからね。書く自信なんてありませんよ。だけどなんとかしようと思ってね、夜通しみていたわけです。それで宿に帰ったらね、朝帰りと思われた。

―― 違いないですものね（笑）。武蔵取材はエピソードがおおいですね。

### 武蔵に関係した人85％は存命中だった

◆　武蔵の建造中に目隠しのため棕櫚縄ノレンをドックにめぐらしたのは有名ですよね。その大量の棕櫚がどこからきたのか知りたくてね。調べているうちに魚網会社がうかんできた。そこで魚網会社に取材にいくと、「間に合ってます」といって追い返された。アタッシェケースを持っていたので、売り込みと思われたらしい（笑）。

―― 建造にかかわった人たちがまだ生きていて、取材できたのではありませんか。

◆　いましたね。85％くらいの人が存命中でしたから。進水式の名人といわれた人がいましてね。彼に小説が書きあがってから本を渡したら、「うちの宝物をさしあげます」といって、進水式のとき海軍からもらった海軍マーク入り

の香炉をくれようとした。ぼくはもらうわけにはいかないと断った。しかし、どうしても受け取ってくれという。そこで、「では、お預かりします」といって一時預かりましたが、その人が亡くなったときにお線香をあげにいってお返ししました。その香炉は造船所の史料館にあります。

── 当時、三菱は資料を見せてくれましたか。

◆ それがね（しばし沈黙）、資料を見ることができたんです。『星の王子様』という有名な童話の翻訳者内藤濯先生の息子で内藤初穂さんという人が、三菱の広報誌の担当で‥‥。海軍技術大尉で終戦を迎えた彼が武蔵建造当時の長崎造船所日誌のコピーをとっていた。これを造船所の許可をもらってぼくに見せてくれた。これが武蔵を書こうというきっかけになった。

── そうして『戦艦武蔵』という小説が生まれたわけですね。書き下ろしでしたか。

◆ 「新潮」という雑誌に一挙掲載されました。420枚です。造船所の技師、乗組員にも会ってね。名刺が残っているので面談した人の数がわかるけど全部で87名に会いました。

── 最初から協力的だったわけですか。

◆ 最初、造船所にいったら、お抱えの歴史家がいるんですよ。かれがいうには「あなたは素人だから10年はかかりますよ」というわけ。でも、2月に行って、書き上げたのは7月で、調べたのは3ヵ月か4ヵ月ですよ。

### 初版2万部で60刷まで

── 「新潮」に載せることになったのはなぜ？

◆ 当時、あるところに取材日記というのを書いていたら、新潮社の斎藤十一という重役が、それを読んで、「吉村は書くだろう」って若手編集者に「おまえいってこい」といわれたらしい。その編集者が「吉村さん、書けますか」って半信半疑なんです。「さあ、わかりません」と応じました（笑）。

── 最初は何枚くらい？

◆ 30枚ほどの原稿を渡しました。そしたら、

2005年7月4日に発行された長崎県人クラブ機関誌。表紙には、在りし日の吉村昭さんが登場

「つづけて書いてください」というので、書きあがったけれども、果たして載せてもらえるかどうか。天下の「新潮」だからね。

── 書き手の不安はわかりますよね。

◆ そしたら、「載せます」という。しかも420枚一挙掲載だという。おかげで丹羽文雄さんとか大物作家の小説が次号送りになったそうです。だから、あとでいろいろいわれましたよ。幸い評判がよかったので、救われました。雑誌はいいとして、つぎに単行本にするときに初版2万部ですよ。

── ほう、それはすごい。

◆ 当時、純文学の雑誌からでる小説はせいぜい1500か2千でしたからね。2万部というのはなかった。ぼくも「えーっ」と驚いた。ところが、1週間したら1万部増刷ですよ。結局16、7万部までいったんです。いま文庫で60刷りですよ。

── 部数にすると300万部でしょうか。

◆ そうなりますかね‥‥。

（了）

## 第④章 船の科学

# 巨大なタンカーが浮かんで進むわけ

船に関する一般的な疑問、鉄のかたまりは沈むのに、なぜ鉄製の船は浮かぶのか？ 船はどうやって進むのか？ 船はなぜひっくり返らないのか？ 船はどうやってできるのか？ 図や写真を使用して詳しく解説する。

写真の船は、二重船殻VLCC「RAMLAH」
総トン数 163,882トン　載貨重量トン 300,361トン

## 船の科学 ― 船の基本原理

# 鉄の船はなぜ沈まないのか

船は水上や水中で多大な影響を受けている。これは物理学的な問題であり、この問題を利用や解消をすることで船の航行が可能になる。

### 鉄のかたまりと鉄の鍋の比較で「浮力」を学ぶ

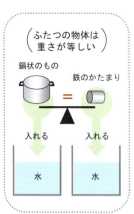

（図：マルモトイヅミ）

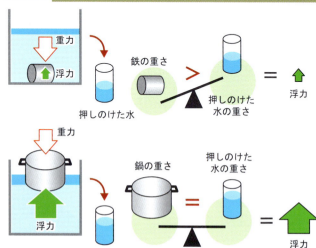

鉄のかたまりを水の中に入れると沈んでしまう。これは鉄のかたまりが、押しのけた水の重さよりも重いからである。同じ重さの鉄を薄く延ばして、鍋のような形状に直すと浮くことができる。これは鍋の形状によって押しのけた水が増えたため、鍋の重さが水の重さと釣り合って浮かぶからである。この時、重さの力である「重力」に対して、下から浮かそうとする力を「浮力」と呼ぶ。鉄の船が浮かぶのはこの原理によるのである。（アルキメデスの原理）

### アルキメデスの原理

アルキメデスの原理は紀元前にギリシャ植民地である、シラクサのアルキメデスによって発見された。「流体中の物体は物体が、押しのけた流体の重さと同じ大きさの浮力を受ける」という自然法則である。流体とは主に液体や気体などのことである。

### 船の定義

船と呼ぶために必要な3つの条件が存在する。1つ目は水に浮かぶこと「浮揚性」、2つ目は人や物をのせること「積載性」、3つ目は海や河川を移動すること「移動性」である。これらの条件を満たすことで船と呼ぶ。

上記の原理で浮かぶ10万4,121トンの播州丸

# 傾いてもどりやすい船ともどりにくい船「復原力」とは

　船は波や風を受けて傾くと重力や浮力のバランスによって、もどるかもどらないかが決まる。重力の中心を「重心」、浮力の中心を「浮心」と呼び、「浮心」は傾いた側に動いて船体は沈み込んでしまうが、浮き上がった側は重力によって水平の位置までもどろうとする。この時、水平に戻そうとする力を「復原力」と呼ぶ。通常、「重心」と「浮心」が同一の垂直線上にある時、船は安定しているといわれる。

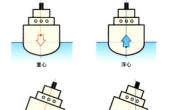

重心と浮心

## ▌大きく傾いた時にもどりやすい船

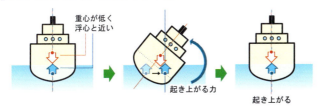

「重心」が低くて「浮心」との位置が、近い船が大きく傾くとどうなるか？

　「重心」が低いので、元にもどりやすくなる。つまり「復原力」が大きくなりやすく、大きく傾いても船が転覆することは少ないが、横揺れの間隔が短くなるため乗り心地は悪くなる。また、タンカーなどは積荷の液体を目的地で降ろすと重心が高くなってしまうため、船体下部にバラスト水を入れることで重心を下げている。

## ▌大きく傾いた時にもどりにくい船

「重心」が高くて「浮心」との位置が、遠い船が大きく傾くとどうなるか？

　「重心」が高いので、元にもどりにくくなる。つまり「復原力」が小さくなりやすく、大きく傾くと船が転覆することが多い。また、横揺れの間隔が長くなるため乗り心地は良くなる。過積載の船やバラスト水が少ない船は重心が高くなることが多いため、危険な状態であることが多い。どちらの船も傾きが小さな角度（微小角）では問題ないが、元にもどりやすい船でも一定の角度を超えると転覆してしまう。

　上出のように重心と浮心の位置関係は、船の安定性を維持するために非常に重要であり、船の役割に応じて船体の設計がおこなわれている。

### バラスト水

　バラスト水とは船のバランスを保つために使用される海水のことで、重心を下げて安定させることが役目である。船底のタンクに海水の注水や排出を行って運用する。この海水を当初の海域から移動して別の場所で排出した場合、バラスト水に含まれた海洋生物が生態系を乱す危険性がある。これを防止するため、バラスト水処理装置を船に設置する場合がある。

バラスト水処理装置

### バラスト水処理装置

　バラスト水にはプランクトン、菌類、砂泥などが含まれている。これを未処理のまま排出すると環境に悪影響を、及ぼす可能性があるので処理が必要になる。処理方法は主に加熱やろ過をおこなってからバラスト水に戻す方法が採られている。最近では磁気を使用して滅菌処理をおこなう、「凝集磁気分離方式」と呼ばれる処理装置も開発されている。

（参考サイト：
三菱重工バラスト水浄化
システムエンジニアリング）

## 2 船の科学 ── 船の構造やしくみ

# 船はどうやって進むのか

船には基本的にエンジンなどの動力が積まれている。これを最後尾のスクリュープロペラに伝達し、回転させることによって、推進力を得ることができる。

### エンジンの種類

**1. ディーゼル エンジン**

圧縮した高温の空気に、ディーゼル燃料(重油や軽油)を吹き込むことで、力を作り出す。多くの船で使用されている。

**2. ガスタービン エンジン**

ガスを燃焼させてタービン(羽根車)を回転させることで、力を作り出す。主に高速船などで使用されている。

**3. 蒸気タービン エンジン**

蒸気でタービン(羽根車)を回転させることで、力を作り出す。主にLNG船などで使用されている。

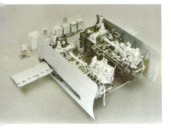

三菱引込式フィンスタビライザー Ⓚ

(参考サイト：
三菱重工業おもしろテクノワールド)

## 船を動かすエンジン

### ▌船の全体図

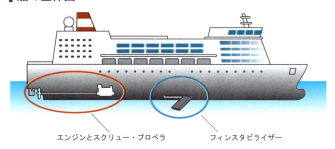

エンジンとスクリュー・プロペラ　　フィンスタビライザー

燃料を爆発や燃焼させるとエネルギーが発生する。そのエネルギーで機械を動かす装置や機関のことを「エンジン」と呼ぶ。主にディーゼル燃料(重油や軽油)、ガス、蒸気などが燃料として使用される。船のエンジンは船体下部に取り付けられて、最後尾の「スクリュー・プロペラ」と連動している。

## 船の横揺れを防止する翼(フィンスタビライザー)

船には翼の形をした装置が船底近くに取り付けてあり、前方からの水流を横揺れに合わせて翼の角度を変えている。これによって船の揺れを打ち消してやわらげられる。さらに翼の角度をコンピューターに制御させることで、7〜8割の揺れを軽減できる。この翼のような装置を横揺れ防止装置(フィンスタビライザー)と呼ぶ。

### ▌フィンスタビライザーのしくみ

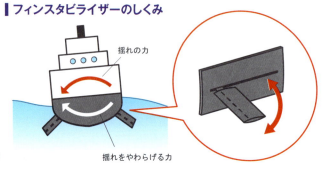

揺れの力

揺れをやわらげる力

# 船を進めるスクリュープロペラのしくみ

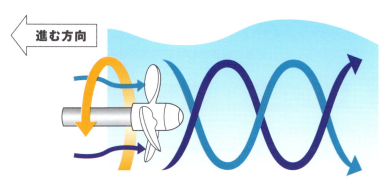

二重反転プロペラ

スクリュープロペラでかきこまれた水は、回転しながら後方に押し出される。同時に渦も作る流れも生じるが、前進する力を持っていないため無駄になってしまう。そこでもう1基取り付けて逆回転させると、渦を生じる流れを打ち消して、後ろに進む流れを作ることができる。これを二重反転プロペラと言う。☉

● **スクリュープロペラが船を進めるしくみ**
　エンジンが回転するとスクリュープロペラも作動し、前方からの水が船の後方へ勢い良く押し出される。この力によって船は前進することが可能になる。

## 可変ピッチプロペラ

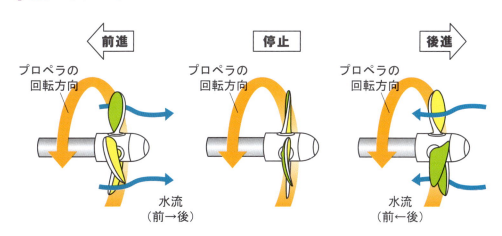

　エンジンの回転方向を変えずに速度調節や、後進ができるように考案されたものを「可変ピッチプロペラ」と呼ぶ。羽の向きを変えることで速度を調節し、羽の向きを逆向きにすることで回転方向は同じでも後進することが可能である。停止をおこなう時は全部の羽を(角度0°)に揃えてから停止する。

# 3 船の科学 — 大型船のつくられ方

# 船はどうやってつくられるのか

大型船を製造する場合、ブロック工法と呼ばれる建造法を用いる。これは一気につくるのではなく、いくつかのブロックに分けてつくり、最後に組み合わせて完成させる。

## 大きな船は部分ごとに製造

### ①ブロック工法
ブロック工法は適当な大きさに分けたブロックを、あらかじめ工場で組立てて、これを船台に運んでつなぎ合わせる建造法である。この工法は1950年代から導入されている。

### ②三菱造船所独自の縦列建造法
旧来の工法では3つのドックで一隻しかつくれなかったが、縦列建造法は2隻同時に建造することが可能で、工期の短縮とクレーンの稼働効率を上げることができる。現在はLNG船などに適用されている。

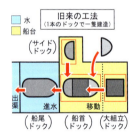
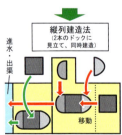

(資料:長崎ニュース 造船ミニ知識)

## 船のできるまでのプロセス

### ①開発・設計
船主の目的や希望に応じて船の設計図をつくる。安全確認のため、模型をつくって性能実験がおこなわれる。

### ②部材加工
材料が納入されるとプラズマやレーザーの機械で切ったり、手作業で曲げたり、丸みを持たせたりする。製作される部品は約10万点にも及ぶ。

### ③ブロック組立
加工された材料は小組立、中組立、大組立という工程で溶接しながら、ブロックに組立てられる。最近では炭酸ガスを使用した溶接が主流になっている。

### 先行艤装
ブロック組立に並行して、パイプやダクトなどの取付金具やマンホールなどを取付けることにより、ドッグ内での作業を極力減らす。これは、ブロック完成後に装備を取付けると時間が大きくかかってしまうから、あらかじめ取り付け作業をおこなう。

手作業による焼き曲げ尭鉄(ぎょうてつ)作業

縦骨を四本同時に溶接するロンジ溶接装置

焼き曲げした鉄板を木型で形状確認

## ④ブロック検査

検査は監督や検査員が立ち会って、品質や性能を確認する（直接検査）。近年では書類によって、立ち会い検査を省略することができる「品質保証方式」も増えてきている。

## ⑤ブロック搭載（総組立）

各工場で組立てられたブロックは船台がドックに、クレーンで運びこまれた後、ブロック同士をつなぎ合わせて、船の形に組立てられる。

## ⑥進水

船台進水では滑走台に大量の鉄球を敷きつめて、船を滑らせて海に浮かべる。ドック進水ではドックに水を注いで進水とする進水には2つの方法がある。

## ⑦岸壁艤装・試運転

海に浮かんだ船は残りの装備を取り付けたり、船の内装を仕上げて最終的な作業となる。この後、実際に海上を航行させて性能試験をおこなう。

## ⑧命名・引き渡し式

この命名・引き渡し式をおこなった時点で、正式に船の権利が造船所から船主に移譲される。以上の工程や手続きを終えて船は完成となる。

立神300トンクレーン

検査員によるブロック検査

クレーンでブロック積み込み

## 船の科学 ― 三菱長崎造船所から進水した船
# ものを運ぶ船や変わった船

三菱造船所で製造された船は大型船を中心に客船やタンカーなど、業種や用途によって様々な種類があり、中には独特な見た目や構造を持つ船も存在する。

■ 液化天然ガスを四角いタンクで運ぶ船
PUTERI NILAM SATU
メンブレン型LNG船
総トン数 95,500トン
載貨重量トン数 76,124トン

■ 液化天然ガスを丸いタンクで運ぶ船
ARCTIC PRINCESS
モス型LNG船
総トン数 121,597トン
載貨重量トン 84,878トン

■ 自動車やトラックを運ぶ船
TORENS
PCTC(重車両対応自動車運搬船)
総トン数 61,400トン
載貨重量トン 19,628トン

■ コンテナ(荷物のつまった箱)を運ぶ船
MOL CREATION
コンテナ船
総トン数 86,692トン
載貨重量トン 90,678トン

### 船のトン数ってなに?

　船の「トン数」とは容積や重量をあらわす単位としてもちいられる。トン数の種類には、①総トン数、②純トン数、③排水トン数、④載貨重量トン数などがある。①総トン数は、船の外板内の容積、つまり船内の広さ。②純トン数は総トン数から船員室・機関室・船用品倉庫・二重底などを除いた広さ。③排水トン数は船を水に浮かべたときに、押しのけた水の量。④載貨重量トン数は積荷・燃料・バラスト水、生活用水などを除いた、貨物が最大でどのくらい積み込めるかの重量。これらの「トン数」はIMO(国際海事機関)によって定められた国際条約にもとづいて算定される。
(参考サイト:(公財)日本海事広報協会)

▎石油を運ぶ超巨大タンカー
DAVID PACKARD
ULCC
総トン数 198,534トン
載貨重量トン 413,117トン

▎液化石油ガスを運ぶ船
BRITISH CONFIDENCE
LPG船
総トン数 48,772トン
載貨重量トン 54,490トン

▎冷たい荷物を運ぶ船
ATLANTIC UNIVERSAL
冷蔵・冷凍運搬船
総トン数 13,267トン
載貨重量トン 12,468トン

▎石炭を運ぶ船
西海丸
石炭運搬船
総トン数 44,580トン
載貨重量トン 70,407トン

▎車からコンテナまであらゆるものを運ぶ船
讃岐丸（BARTIC CAREER）
多目的貨物船
総トン数 9,308トン
載貨重量トン 11,040トン

▎地球の謎を解明する船
ちきゅう
地球深部探査船
総トン数 57,500トン

（資料：三菱重工業株式会社長崎造船所企業案内）

# 船の不思議
# わかりやすく教えます

長崎総合科学大学・大学院教授　　慎　燦益

## 「鉄の船」が浮くわけ

　長崎では、全長が約360メートルで、積載重量が40万トンを超えるタンカーや、全長が290メートルで乗客数が3100名の超豪華客船が建造され、いまも大小さまざまな船が造られています。これらの船は、建造材料がどうであれ、一般的には「鉄の船」として知られています。

　ほとんどの人が、おぼろげに、「木は水に浮き、鉄は沈む」と理解しているのに、「鉄」で造った船が浮いて、しかも、大量の物資や多くの人々を乗せて、大海原を航行することを簡単に理解し、説明することはなかなかむずかしく、簡単ではありません。

　いま、「鉄の船」がなぜ浮くのかを理解するために、つぎのように考えてみましょう。

　現在、建造されている長さ200メートル級の船でも、船を造る鋼板の板厚は、エンジン場などの極一部の場所を除けば20ミリにもならない鋼板を使って造られています。

　この船を長さ1メートルに縮小した船に置き換えて考えてみますと、その鋼板の厚さは0.1ミリ以下の薄い鋼板で造っていることになります。この板厚は紙の厚さ程度なので、縮小した鋼船をプールの水面に置くとほとんど沈まずに水面に浮くものと想像できます。このとき、沈んだ部分の容積分の水の重さが板厚0.1ミリ以下の鋼板で造った縮小鋼船の重さであり、その重さと等しい浮力がこの縮小鋼船に作用していることになります。この縮小鋼船をある程度沈めるためには、相当の重さのものを積みこまなければなりません。この積みこむことのできる量が積載重量であり、その分船も沈下しますが、沈下した容積分だけ浮力が大きくなり、その浮力が船の重さと釣りあって水面上に浮いている状態となります。

　すなわち、船は、その大きさに比べれば船体を構成する（造っている）鋼板の厚さが非常に薄い薄板構造であるため、「鉄」で造っても浮くことができるのです。

## 船首が丸く突き出ているわけ

　船が水面上を航行すると波ができます。波はエネルギーを持つため、船はそれ自体が造る波にエネルギーを与え（奪われ）ながら航行していることになります。これがいわゆる船の造波抵抗というもので、造波が小さければそれだけエネルギーの損失もなく、造波抵抗も少なくなります。このように船が水面上を航行するときにできる波をなるべく小さくする目的で船首の水面下を丸く突き出させているのです。このような船首をバルバス・バウ（球状船首）と言います。

　球状船首は、それ自体が造る波とその後部の船の本体が造る波とがうまく干渉し合い、船体全体が造る波としては小さくなるような形状になっています。したがって、球状船首はその後部の船体に最も適した形状になっており、そのため船毎にその形状が異なります。すなわち、球状船首は船が水面上を航行するときの造波抵抗を軽減するための最適の形状をしており、その分だけエネルギーを節約するのに役立つのです。

## 波の中での船の揺れ

　スポーツ競技のスタジアムで観客によるウエーブ（波）を見かけることがありますが、このウエーブは個々の観客が移動するのではなく、その場でただ立って座るだけなのに

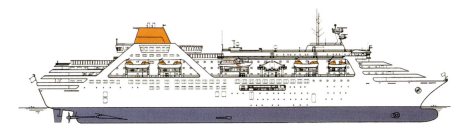

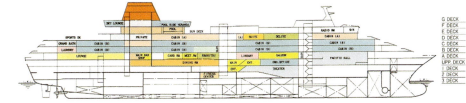

船の壁面と構造（フジ丸）

波の動きになって伝わっていきます。ウエーブを造ろうとする人々の気持が伝わるため観客によるウエーブができるのです。

　実際の水波も波を造る水そのものが移動するのではなく、波の形だけを伝えているのです。すなわち、スタジアムでの個々の観客の上下運動の代わりに、波を造る水の粒子がその場で円に近い軌道運動（オービタルモーション）をしながら波のエネルギーだけを伝えているのです。波の軌道運動は波の進行方向に対する運動なので、進行方向に対する前後運動と上下運動の組み合わせから成っています。したがって、このように水粒子が運動する波面におかれた船は水粒子の運動によって揺れるのです。

　波浪中の船は、前後揺れ、左右揺れおよび上下揺れの直線的な揺れと横揺れ、縦揺れおよび船首揺れの回転的な揺れをします。

　船は前後方向に長く、幅方向が狭いため揺れの中で横揺れが他の揺れよりも大きく、しかも、揺れが大きくなるほど乗り心地が悪くなり、より大きく揺れると転覆の危険性も増すため、船に関わる多くの人々が古くから関心をもって研究・対応してきました。

　横揺れの軽減方法はビルジキール、アンチローリングタンク、ジャイロ式安定機およびフィンスタビライザーに大別することができます。

■SHIN Chanik

工学博士（九州大学）。長崎造船大学船舶工学科卒業。九州大学大学院修士課程造船学専攻修了。長崎総合科学大学（旧長崎造船大学）工学部船舶工学科及び大学院教授。日本船舶海洋工学会功労員。船体復原論、船体運動論、海洋工学が専門。

# 第❺章
# 長崎造船所では船以外も造ります

その活躍は海だけにとどまらない。陸上でも、空中でも、はては宇宙まで。三菱重工長崎造船所は、今なお進化の歩みを止めることなく、さまざまな分野で世界のトップを走りつづけている。

米国カリフォルニア州ウィンドファーム
昭和62年(1987)～平成3年(1991) 合計660基竣工

郵便はがき

# 850-8790

料金受取人払郵便

長崎中央局
承認

3390

差出有効期限
2025年10月
31日まで
(切手不要)

長崎市大黒町3-1
長崎交通産業ビル5階

## 株式会社 長崎文献社
### 愛読者係 行

| իլիլիլիիիիիիիիիիիիիիիիիիիիիիիիիիիիիիիիիիիիի|

本書をお買い上げいただきありがとうございます。
ご返信の中から抽選で50名の方にオリジナルポストカード(5枚)を贈呈いたします。12月末抽選、発送をもって発表にかえさせていただきます。

**インターネットからも送信できます↑**

| フリガナ | 男・女 |
|---|---|
| お名前 | 歳 |

| ご住所 (〒　　ー　　) |
|---|
|  |

| Eメール<br>アドレス |
|---|

| ご職業<br>①学生　②会社員　③公務員　④自営業<br>⑤その他(　　　　　) |
|---|

ご記入される情報は適切に保管いたします。

# 愛読者カード

ご記入日　　年　　月　　日

| 本書の<br>タイトル | |
|---|---|

## 1. 本書をどのようにしてお知りになりましたか
①書店店頭　②広告・書評（新聞・雑誌）　③テレビ・ラジオ
④弊社インスタグラム　⑤弊社ホームページ　⑥書籍案内チラシ
⑦出版目録　⑧人にすすめられて　⑨その他（　　　　　　　　）

## 2. 本書をどこで購入されましたか
①書店店頭（長崎県・その他の県：　　　　　　）　②アマゾン
③ネット書店（アマゾン以外）　④弊社ホームページ　⑤贈呈
⑥書籍案内チラシで注文　⑦その他（　　　　　　　　　　）

## 3. 本書ご購入の動機（複数可）
①内容がおもしろそうだった　②タイトル、帯のコメントにひかれた
③デザイン、装丁がよかった　④買いやすい価格だった
⑤その他（　　　　　　　　　　　　　　　　　　　　　　）

**本書、弊社出版物についてお気づきのご意見ご感想ご要望等**

（ご感想につきましては匿名で広告などに使わせていただく場合がございます。）

**ご協力ありがとうございました。良い本づくりの参考にさせていただきます。**

いくたびもの造船不況にみまわれた経営を支えたのは、長崎造船所のもうひとつの柱、機械部門であった。
　舶用のタービンやボイラ製造からはじまった技術は、発電プラントにも生かされ、いまや世界中の電力供給に貢献するまでに成長した。近年では宇宙機器、太陽電池や燃料電池、その他さまざまな分野で新しい技術を開発、優れた製品を生み出している。

### 長崎造船所では船以外も造ります

# 世界へ展開する発電プラント事業

欧米の模倣からはじまったタービン・ボイラ製造に工夫と改良をかさね、三菱重工長崎造船所は、世界をリードするメーカーへと成長した。電力需要の増大に伴って、発電プラント事業はなお拡大を続けている。(平成26年2月、発電事業は三菱日立パワーシステムズに移管)

史料館最奥部で重厚な存在感を放っている関西電力尼崎第一発電所1号タービン。製造当時は東洋最大を誇り、41年間近畿地区の主要電力供給源として活躍した ⓨ

常磐共同火力勿来発電所3号ボイラ蒸気ドラム。27年間の役目を終えて、史料館入り口に展示されている ⓨ

三菱重工長崎造船所(当時は三菱合資会社三菱造船所)は、明治41年(1908)に国産初の舶用蒸気タービンを、同年国産初の陸用蒸気タービンを製作した。ボイラについては、明治18年(1885)初のスコッチ型舶用ボイラを、明治44年(1911)には陸用水管式ボイラを、それぞれ製作している。

戦後は、米国の会社との業務提携を通じて大容量プラントの生産体制を整えると、第1次オイルショックや円高による不況のなか輸出プラントに活路を見出した。イラク・ハルサ発電所向けの受注を皮切りに、中東諸国、中国、スペイン、南米諸国向けなどの受注を伸ばしていき、たくさんの三菱マンたちが世界へ飛び出していくのである。

明治41年(1908)にイギリスパーソンス社との技術提携により製作された、わが国初の国産陸用蒸気タービン。出力500キロワットで長崎造船所の中央発電所用として大正9年(1920)まで使用された Ⓚ

## 不安定な国際情勢のなかでも

　長崎造船所初のフルターンキー工事(設計・資材調達から現地工事まで請け負う形態)のイラク・ハルサ発電所の工事は、昭和51年(1976)から3年半におよんだ。酷暑の現場には、ピーク時は日本人300人のほかユーゴスラビア、インド、フィリピンから1000人ほどが従事していた。この間サダム・フセインが大統領に就任、完成した発電所はイラン・イラク戦争で破壊されるが、のちに再建されている。
　イラクのクウェート侵攻時には、海水淡水化プラント建設のため出張中の三菱マン24人が、4ヶ月間イラク軍の人質になるという事件が発生した。また、サウジアラビアで発電所建設にあたっていた三菱マンたちは、湾岸戦争勃発でミサイル攻撃の危険に瀕したこともある。

## 意外な発電所トラブル

　火力発電所は、タービンを回す蒸気を冷やす大量の海水が必要だ。そのため、海からの漂流物が吸水口に詰まり、発電がストップしてしまうこともある。コロンビア・セレホン火力発電所ではエビの大群、サウジアラビア・クライヤ火力発電所ではクラゲが押し寄せてストップ。同じサウジアラビア・ガズラン発電所では、なんと2mの大亀が。亀を助けて安全なところまで運んでやると、以降発電所のトラブルが激減し、亀の恩返しと評判になったという。

発電所に迷い込んできた亀を助けると… ㊂

### 発電の仕組み Ⓨ

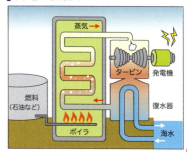

## 長崎造船所では船以外も造ります
# 転機となったタービンローター破裂事故

三菱重工長崎造船所史料館の中央に、巨大な鉄の塊が展示されている。昭和45年(1970)、組立工場で発生したスペイン向けタービンローター破裂事故の破片である。この出来事は、世界のタービン史上に残る事故であると同時に、三菱重工長崎造船所が世界市場に進出していく転機ともなった。

史料館に展示されている事故にあったタービン Ⓜ

破片の破断面に破裂の起点が確認され、破壊のメカニズムが解明された Ⓨ

当時世界最大であった50トンタービンローターが、高速回転試験中毎分3,540回転に達したとき、突然破裂した。胴体部分はほぼ4等分に割れて飛散し、4人即死、50余人の重傷者を出した。展示されているものは、880メートル離れた海に落下した重さ9トンもの破片である。大型タービン輸出第1号となる、スペイン国営電力会社エンデサ向けタービンローター製作中のことであった。

顧客であるスペイン側からは「事故処理を優先せよ。説明はその後でよろしい。次のタービン

の製作をよろしく頼む」と、事故後の混乱の中でありがたい厚意を受けた。10カ月の納期遅延についても「三菱重工も被害者であるから、ペナルティは免除する」と、スペイン人の"武士の情け"に助けられている。長崎造船所とスペインとの信頼で結ばれた関係は、その後も継続している。

　この破裂事故によって日本のローター製造技術は飛躍的に改善された。そして、長崎造船所の大型タービンの輸出はこれよりスタートしたのである。

平成11年(1999)「武士の情け」にちなんでスペインに「鎧兜一式」を贈呈した Ⓨ

## 「タービン」が流行語に

飽の浦岸壁で、巡洋船「霧島」に積み込まれる蒸汽タービン（大正3年）。最大速度は27.5ノットを誇った Ⓢ

　明治後半から、世界では蒸汽タービンが実用化されはじめた。わが国初のタービン船は、日本鉄道（JRの前身）が明治40年(1907)に英国から輸入した青函連絡船「比羅夫丸」で、それまでの所要時間6時間を4時間に短縮する快速ぶりを発揮した。函館の町では「タービン」という言葉を「新式で早い」意味に置き換え、流行語となった。「タービンでやりましょう」と使ったり、「タービン洋服店」などの看板もあったという。

　長崎造船所では、明治41年(1908)にタービン工場が飽の浦に完成したが、珍しいものに慣れているのか、長崎の人びとは函館のように「タービン」を強調することはなかった。

## そもそもタービンって何だろう

　水、空気・蒸気、ガスなどの流体の圧力や運動エネルギーを回転運動のエネルギーに変え、機械エネルギーを得るための機械がタービン。軸に環状に取り付けられたたくさんの羽根が回転する。わかりやすいところで、風車（ふうしゃ）もタービンの一種である。

左から、関西電力尼崎第二発電所、東京電力鶴見発電所1号タービン、北斗丸のタービンローター Ⓨ

69

## 3 長崎造船所では船以外も造ります

# 複雑な長崎の地形をつなぐ橋梁事業

大型建造物である橋梁も、三菱重工長崎造船所の得意分野のひとつ。明治元年(1868)わが国初の鉄製橋を製作以来しばらく撤退していた橋梁事業であったが、昭和50年(1975)地元長崎県内の工事受注を再開した。(橋梁事業はMBEに移管)

長崎港の南部と西部を最短距離で結ぶ斜張橋・女神大橋。中央径間長(塔と塔との間隔)が480mあり、全国6位の長さである ㊂

長崎市中央部と西部を結ぶ桁橋・旭大橋 ㋕

橋梁事業再開後の最初の仕事は、長崎駅周辺の交通渋滞を緩和した旭大橋であった。昭和63年(1985)の生月大橋(平戸市)、若松大橋(南松浦郡)受注後は、つぎつぎと県内の橋や桟橋などの橋梁・鉄構製作を手がけていった。なかでも、平成11年度(1999)竣工の大島大橋(西海市)、平成17年度(2005)竣工の新西海橋(佐世保市・西海市)、女神大橋(長崎市)は、わが国を代表する橋梁だといえよう。

### 女神と男神の伝説「女神大橋」

女神大橋の「女神」とは南部側の戸町地区の地名であるが、対岸には「男神」があった。その起源は『日本書紀』までさかのぼる。三韓征伐の途中に訪れた神功皇后が、陰陽のふたつの神がいるようだと対岸2ヶ所に神様をまつったものが、後に男神・女神と呼ばれるようになったという。
女神大橋は愛称「ヴィーナス・ウィング」、その優美な姿から長崎港の新しいランドマークとなっている。

左:トラス橋・生月大橋(中央径間400mは世界最長)
上:アーチ橋・新西海橋(手前)は西海橋に並立して架かる

## 「橋の博物館」長崎

　三角形を組み合わせたトラス橋の生月大橋は、この形式の橋としては世界一の長さである。香焼工場の大型設備を活用し、高度な技術を結集して建造されたこの橋は、土木学会田中賞を受賞した。

　「長崎の橋」といえば眼鏡橋が有名であるが、長崎は「橋の博物館」と呼ばれるほど、新旧さまざまなスタイルの橋が見られるところでもある。入り組んだ海岸線や起伏に富んだ地形を持つ長崎では、人びとのくらしを支えながら景観を演出する橋が、大きな存在感を持っている。

## 我が国最初の鉄の橋「くろがね橋」

わが国初の鉄製橋「くろがね橋」は全長27m、完成後は長崎の名所になったという

### 主な橋の種類

桁橋

トラス橋

斜張橋

アーチ橋

吊橋

　眼鏡橋をはじめとする石橋群で有名な中島川。その河口近く、浜の町から築町に架かる橋は木製で、たびたび洪水に流された。そこで、明治元年(1868)長崎製鐵所により日本最初の鉄製の橋「くろがね橋」が造られた。昭和に入って鉄筋コンクリート橋となったが、現在でも「てつ橋」と呼ばれ、多くの人びとを浜の町アーケードへと渡しつづけている。

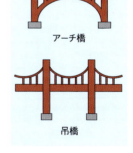

現在の橋は3代目。近くには初代橋の石柱が残されている

# 第6章
# 三菱を育てた岩崎家 4人の創業者

明治、大正、昭和と激動の時代を背景に築かれた三菱王国。その礎となったのが、大河ドラマ「龍馬伝」で注目を集めた偉大な創始者、岩崎弥太郎だった。「英傑」と語り継がれる時代のカリスマが抱いた夢と野望。そして、その遺志を継いだ男たち……。三菱4代社長の偉業と人物像をひも解く。

かつて炭坑で栄えた高島の港近くに立つ「岩崎弥太郎之像」。
旺盛な野心を胸に事業を力強く推し進めた弥太郎の生き様そのものが表現されている。
背景は明治時代初期の長崎港（長崎文献社蔵）

## 三菱を育てた岩崎家　4人の創業者

# 岩崎家 繁栄の系譜

三菱の初代社長・弥太郎と2代社長・弥之助は親子ほども年の離れた兄弟だった。貧しいながらも教育熱心だった両親のもとで2人の才能は育まれる。

### 岩崎家ゆかりのスリーダイヤ

三菱重工長崎造船所の社章としておなじみのこのマークは、岩崎家の家紋「三階菱」、土佐藩主山内家の家紋「三つ柏紋」の2つを組み合わせて作られた。当初は三菱の前身、「九十九商会」の汽船の船旗号として使用され、大正13年(1914)に商標として正式に登録。現在のマークと九十九商会時代のものを見比べると、菱の形などが若干異なっているのがわかる。

### 農民レベルの身分の低さ

土佐国安芸郡井ノ口村に居宅を構えていた岩崎家。父・岩崎弥次郎は朴訥、剛直な性格で酒好き。弥太郎が生まれた頃は庄屋よりも低い下級武士(地下浪人)の身分であり、一家の暮らしぶりは農民と変わらないものだったという。一方、妻の美和は町医者の次女として生まれ岩崎家に嫁いできた。長女・琴子、長男・弥太郎、そして次女・さきを出産。弥太郎誕生から16年後に生まれた次男・弥之助は4人兄弟の末っ子で、生まれてすぐの頃、生死の境をさまよったことがあり、そのとき弥太郎は必死に看病したという。その後長い時を経て、弥之助は経営者である兄を支える立場になった。

### バラバラな4人の性格・見た目

戦後、財閥解体がおこなわれるまでの4代に渡って、三菱の社長は岩崎家の血筋の中で受け継がれた。父子または叔父と甥。血はつながっていても性格はそれぞれ異なり、とくに初代社長・弥太郎と2代社長・弥之助兄弟に関しては、弥太郎がはったりで信用を得るような天才肌だとしたら、弥之助は温和でまじめ、武道より学問を好むような冷静沈着な人物だった。

3代社長の久弥は弥太郎の長男。子どもの頃から顔立ちの愛らしさが評判になるほどのハンサムなルックスで、寡黙ながらも相手の話を聞くのが上手だったという。また、4人の中で一番体格が良かったのが4代社長小弥太だ。もっとも重いときで体重が約120kgもあり、その立派な体格に違わぬ強力なリーダーシップは伯父・弥之助の再来とも言われた。

岩崎家の家紋<br>〈三階菱〉

土佐藩主山内家の家紋〈三つ柏紋〉

弥之助が久弥に送った手紙。長崎造船所の職員雇用について明記している

◆岩崎家系図◆

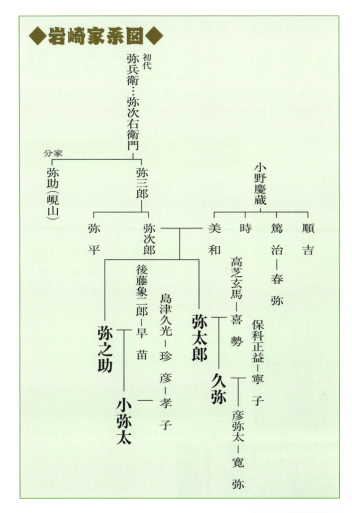

### 父の姿を反面教師に!?

酒が災いしての失敗も少なくなかった父・弥次郎。その姿を見て育ったせいか、弥太郎は社員たちに対して、酒の飲み方を厳しく示す公会式目(酒を飲むときの心得)を制定。「大いに飲むべし、酔うべからず」。宴席で礼節を重んじることを信条にするようにと諭した。

岩崎弥次郎 三菱史料館蔵(『岩崎彌太郎〜三菱の誕生と岩崎家 ゆかりのコレクション〜』より転載)

### 岩崎家の偉大な母

裕福になっても貧しい時代を忘れないようにと一家に訓戒を残した母・美和は、精神面において岩崎家を支える人物だった。明治7年(1874)頃に弥太郎が暮らす東京へ移り同居。弥太郎の最期を妻・喜勢らとともに看取った。

岩崎美和 三菱史料館蔵(『岩崎彌太郎〜三菱の誕生と岩崎家 ゆかりのコレクション〜』より転載)

高知県安芸市にある岩崎弥太郎の生家。弥太郎の曾祖父が寛政7年(1795)に移築したもの Ⓚ

## 三菱を育てた岩崎家　4人の創業者

# 英傑 岩崎弥太郎 三菱誕生の軌跡

貧しい地下浪人の長男から、日本中が注目する大企業のトップにまで上り詰めた弥太郎。商才に長け、押しの強さもピカイチだったという。

初代社長　岩崎弥太郎
天保5年(1834)
～明治18年(1885)
（三菱史料館蔵）

### ガキ大将から向学心旺盛な少年へ

　幼い頃は勉強が苦手なガキ大将だった弥太郎。成長とともに漢詩の詩作にのめり込むようになり他の勉学にも励み始める。15歳の春には母・美和の姉・時の夫にあたる岡本寧浦の塾「紅友舎」へ進み、20歳で江戸遊学へ。しかし、父親が暴行を受けたという一報を聞き帰郷。暴行が庄屋の仕業だと知り訴訟を起こし、牢屋に入れられるハメになる。悶々としながらも、同じ牢屋にいた囚人に算盤や商売の方法を学んだ弥太郎。このことが後に、日本を代表する経営者に成り上がる一歩となった。

### 弥太郎、長崎に渡る

　「開成館」とは土佐藩が設立した藩営機関。慶応2年(1866)に創設され、軍艦局、勧業局、税課局など全部で11の部署があった。弥太郎は国産品の藩外への移出や貿易などを担当する「貨殖局」に配属となり、貨殖局の長崎出張所(土佐商会)で重役を務めていた後藤象二郎らに望まれ長崎へ。持ち前の才能を発揮し、業務全般を取り仕切る主任を任された。この時、坂本龍馬が長崎で起こしていた亀山社中はのちに海援隊と改名し、土佐商会から金銭的なバックアップを受ける。明治2年(1869)、弥太郎は貨殖局のもう1つの出張所がある大阪へ渡った。

#### 長崎で築いた人脈

　海援隊の坂本龍馬を筆頭に、土佐商会時代の弥太郎は有力な人物たちと交流を深めビジネスを展開。グラバーやオルトなど外国人商人に対しても堂々と交渉を行い、さらに大胆な接待は彼らの心をつかんだ。グラバーはのちに三菱が高島炭坑を買収すると、その顧問になった。

長崎市浜町にある「土佐商会跡」の石碑。そばには土佐藩船「夕顔丸」と海援隊旗のモニュメントも

明治10年(1877)頃の三菱幹部。前列左から石川七財、弥太郎、川田小一郎、クレブス、後列左から浅田正文、本田政治郎、弥之助、荘田平五郎（三菱史料館蔵）(『岩崎弥太郎〜三菱の誕生と岩崎家 ゆかりのコレクション〜』より転載)

## 会社設立、海運王へまっしぐら

　長崎を後にした弥太郎が大阪で経営・監督にあたった「土佐藩開成館大阪商会」は明治維新後、政府の藩営事業禁止令などを受け「九十九商会」に。表向きは藩財政から分離したように見せかけていたが、土佐藩の財政を引き続き潤していた。しかし、廃藩置県により藩は解体。経営を弥太郎個人が引き継ぐことになり、土佐藩船「夕顔」「鶴」「紅葉賀」の3隻を借り受け海運業に乗り出す。弥太郎は一時経営から離れ、その後復帰。社名を「三菱商会」に改称し、経営のトップに立った。ライバル会社も少なくなかったが、台湾出兵や西南戦争における兵、食料の輸送を契機に飛躍の一途をたどった。

## 志半ばで逝った弥太郎の最期の言葉

　弟・弥之助を副社長に就かせ、また国内だけではなく外国航路も開拓するなど、着々と事業を拡大した弥太郎。海運業以外に炭鉱業、倉庫業、水道業、為替業など新事業に乗り出し、造船業もその中の1つだった。明治17年(1884)、明治政府による「長崎造船局」の民間への払い下げ方針の決定により、長崎造船局の経営は三菱に移譲されることになり、明治20年(1887)、正式に三菱の所有に。しかし、その時すでに弥太郎はこの世の人ではなかった。胃ガンを患った末の明治18年(1885)、50歳の若さで他界していたのだ。危篤となった兄から、この言葉を伝えられた弟・弥之助は、幾多の苦難に見舞われながらも、その遺志を貫く覚悟は揺らがなかった。

〜弥之助、我の事業をして墜すことなかれ。
　弥之助、川田、我の志を継ぎ、我の事業を墜すなかれ。〜

### 若かりし頃のロマンス

　遊学のため弥太郎が初めて長崎に来たのは安政6年(1859)のこと。このとき、宿泊先だった土佐屋旅館の娘・ツルに弥太郎は恋心を抱いた。長崎を離れる際、ツルに多額の餞別金を渡し、帰郷後には手紙と自分の写真を送っている。のちに弥太郎は姉夫婦の世話で喜勢と結婚。ツルも別の男性に嫁いだ。

### 福沢諭吉の頼みにもNO!

　後藤象二郎が経営する「高島炭坑」が倒産の危機となったとき、弥太郎に炭鉱の買い取りを頼んだのが福沢諭吉だった。もともと鉱山の採掘事業に慎重だった弥太郎は、自身の考え方に大きな影響を与えた人物の頼みであっても当初は難色を示す。しかし、最終的には買い取りを決断。のちに「高島炭鉱」はドル箱となり結果的には良い買い物になった。

北渓井坑跡

## 三菱を育てた岩崎家　4人の創業者

# 弥太郎の遺志を継いだ後継者

弥太郎亡き後、三菱の経営は弥之助に移り、その後も甥、そして息子へとバトンが渡されていった。弥之助、久弥、小弥太が成し遂げた業績とは?

二代社長　岩崎弥之助
(三菱史料館蔵)

在任期間:
明治18年(1885)
　〜明治26年(1893)

トーマス・グラバーと岩崎
弥之助(三菱史料館蔵)

### 兄を支えたしっかり者の弟

　三菱は弥太郎が死去する数年前から、汽船会社「共同運輸会社」との激しい競争下にあり、会社創設以来の危機的状況に陥っていた。そんな熾烈な戦いに決着がついたのは、弥太郎の死後のこと。三菱と共同運輸の海運分野を合併させ、新会社を創設するという政府の策を弥之助が受け入れたのだ。結果、三菱の海運部門「三菱汽船会社」は解体。海運業から撤退するという苦難に直面しながらも、弥之助はふたたび奮起し新会社「三菱社」を創設。銅山、水道、炭鉱、造船、銀行の4事業を展開し軌道に乗せると、さらに倉庫業、保険業、銀行経営、農場経営など事業を拡大し組織化した。弥之助は明治26年(1893)、42歳で引退。弥太郎の長男・久弥に社長の座を譲った。

三代社長　岩崎久弥　(三菱史料館蔵)
在任期間:明治26年(1893)〜大正5年(1916)

### 農牧事業に情熱を注いだ3代目

　叔父・弥之助の指示で父・弥太郎が亡くなった翌年にアメリカのペンシルバニア大学に留学した久弥。社長就任は三菱合資会社の設立に合わせてのことで、当時まだ29歳の若さだった。前社長の方針と同様に金融業、商事貿易、製紙事業など多角的に事業を進めると同時に、各部門に独立採算制を導入。コンツェルンの基本的な形態を整える。

　52歳で突然社長引退を発表した後も、それまで力を注いだ農牧事業だけは引き続き取り組み、大正8年(1919)「東山農事株式会社」を創設。スマトラ、マレー半島などで油椰子やゴムの栽培事業を展開し、ブラジルではコーヒー農園を開く。事業は世界規模で軌道に乗ったものの、敗戦を機に海外の農園は没収された。

## 財閥確立から解散まで

イギリス留学を経て「三菱合資会社」に入社した小弥太。副社長となった小弥太は従兄・久弥社長のもとで手腕を振るい、社長就任後には造船部門と製鉄部門を分離。「三菱造船株式会社」と「三菱製鉄株式会社」を創設した。その後も各事業の独立を進め三菱銀行、三菱海上火災保険、三菱製鉄、三菱造船などのそれぞれが株式会社に。久弥の時代に基礎が整えられていたコンツェルン体制はここに確立した。三菱は「三井」「住友」「安田」とともに4大財閥と呼ばれるようになるものの、戦後日本がアメリカの統治下に置かれることになり、これをきっかけにGHQによって財閥の解体政策が推し進められる。三菱本社は昭和21年（1946）9月に解散。小弥太がこの世を去った翌年のことだった。

四代社長　岩崎小弥太
在任期間：大正5年（1916）～昭和20年（1945）
（三菱史料館蔵）

## ふたたび集結！解散後の三菱

昭和27年（1952）4月、対日講和条約が発効され占領時代が終わると、三菱の商号の使用を禁止されていた各社はふたたび社名を三菱に改め始めた。各社では力を増すための合併が敢行され、さらに産業形態の変化など戦後復興へと向かう状況を的確に捉え、多くの新会社も設立していった。

財閥ではなく三菱グループとして成し遂げた新たな発展は、国内経済を力強く支え、日本を代表する巨大グループに成長。グループは数えきれないほどの企業で構成されている。ニコン、キリンビール、東京海上火災保険、旭硝子などの一流企業も、もともとは三菱財閥の関連会社として設立された。

### ◆ 解散までの変遷 ◆

明治3年　九十九商会設立
↓
明治5年　三川商会
↓
明治6年　三菱商会
↓
明治7年　三菱蒸気船会社
↓
明治8年　郵便汽船三菱会社
↓
明治19年　三菱社
↓
明治26年　三菱合資会社
↓
昭和12年　株式会社三菱社
↓
昭和18年　三菱本社
↓
**昭和21年　解散**

### 世界一の海運会社「日本郵船」

設立時「日本郵船」の初代社長には共同運輸の元社長・森岡昌純が就任した。三菱側の人材は理事の荘田平五郎のみで、相手側が優位な立場にあった。しかし、久弥時代になると三菱側の人材が大半を占めるようになり、最終的には三菱の関連会社に収まった。

### 三菱の三綱領

三菱商事は小弥太が大正9年（1920）に社内でおこなった訓示の意味を要約し、社是として制定。この三綱領は現在も三菱グループ共通の経営指針になっている。

**所期奉公**
社業を通して社会に奉公する
**処事光明**
公明正大で品格のある事業を展開
**立業貿易**
対外貿易を軸にグローバルな視点で臨む

## 4 三菱を育てた岩崎家 4人の創業者
# 現代に見る歴代社長の足跡

街づくりから文化・芸術面まで、さまざまな分野で存在感を示した歴代社長たち。その足跡は現代の街に今もなお息づいている。

三菱が建設した丸の内初の洋風事務所建築「三菱一号館」。老朽化のため昭和43年(1968)に解体されたが、約40年後に復元。現在は「三菱一号館美術館」として公開されている
（写真は「グラバー写真帖」〈長崎歴史文化博物館蔵〉より）

### 日本一のビジネス街も三菱が起源

三菱の発展は優秀な部下たちの力によるところも大きかった。福沢諭吉の推薦で入社した荘田平五郎はとくに優秀な人物として語り継がれ、弥之助時代に丸の内を買収しビジネス街を建設する案が持ち上がったときにも、「速やかに買い取るべし」と進言した切れ者。三菱が買い取った土地は建物が解体され更地になり、やがてイギリス人建築家・コンドル設計の英国風建築「三菱一号館」が完成する。その後も二号館、三号館と次々に建物が竣工。当時、十三号館まで建物が並んだ丸の内の通りは「一丁ロンドン」と呼ばれた。

#### しょうだへいごろう
#### 荘田平五郎

三菱入社時、29歳だった荘田は入社から3年後に弥太郎の姪・田鶴と結婚。長崎造船所の2代所長就任後には、管理方式の近代化、所員の福祉を推し進めるための病院建設などに着手。中堅技術者の養成機関として「三菱工業予備学校」が設立されたのも荘田の発案からだった。

長崎造船所二代所長
荘田平五郎 ㊂

### 岩崎家とジョサイア・コンドル

鹿鳴館の設計を手がけたイギリス人建築家、ジョサイア・コンドルは明治10年(1877)、24歳のときに来日。工部大学校造家学科（現東京大学工学部建築学科）の教師および工部省営繕局顧問となり、三菱社の顧問として丸の内の近代化にも力を発揮した。東京都台東区の「旧岩崎邸庭園」内に現存する邸宅も、久弥が明治29年(1896)年にコンドルに設計を依頼し建設したもの。ほかに岩崎家とコンドルの結びつきが分かる建造物に、同庭園内の撞球室などがある。

「旧岩崎久弥邸」は2階建・地下室付きの、近代日本住宅を代表する西洋木造建築（写真提供：公益財団法人東京都公園協会）

東京都の名勝に指定されている「清澄庭園」（写真提供:公益財団法人東京都公園協会）

## 細部までこだわりが光る日本庭園

　弥太郎が好んだものの一つに「庭園」がある。東京都江東区の「清澄庭園」は水、築山、枯山水を主体にした「回遊式林泉庭園」。かつて豪商や藩主の下屋敷だった時代を経てすっかり荒廃していた邸地を弥太郎が買い取り、社員の慰安や貴賓の招待用に庭園造成を進めた。弥太郎亡き後も整備は続き、現在の美しい庭園が完成。そのほかに、弥太郎を偲ぶ代表的な庭園がもうひとつ。東京都文京区の「六義園」である。この庭園は江戸の二大庭園に数えられ、明治時代に入ってから弥太郎の所有となった。ふたつの庭園は久弥が当時の東京市に寄贈。現在、一般公開されている。

## 国宝を含む貴重なコレクション

　父・弥之助の影響からか、早くから絵を習い後年、前田青邨の指導を受けた小弥太。父子は明治初期から昭和前期にかけて古典籍や美術品などを収集。弥之助は自邸内に「静嘉堂文庫」を設け、その後大正5年(1916)には小弥太がそれら美術品の調査・整理に着手する。大正13年(1924)年に新文庫を建設。昭和15年(1940)より公開が始まった。現在は静嘉堂文庫の隣に美術館も併設し国宝7点、重要文化財83点などの品々が収蔵されている。

　一方、父・弥太郎と同様に愛書家と言われたのが久弥だった。明治37年(1924)、久弥は東洋学分野で日本最古・最大の研究図書館「東洋文庫」を設立。現在もアジア最大の東洋学センターとして広く知られ、100万冊の蔵書の中には国宝5点、重要文化財7点が含まれる。

不毛の荒野を整備し明治24年(1891)に開設した小岩井農場 Ⓚ

### 弥之助、大規模農場開設をバックアップ

　岩手山麓に広がる緑豊かな農場「小岩井農場」。同農場の創業者の1人、井上勝は鉄道の父と称されるほどの実力者だったが、鉄道敷設事業により多くの「美田良圃(びでんりょうほ)」を潰してしまったことに後ろめたさを感じていた。井上はせめてもの思いで、岩手南麓に広がる不毛の原野に大農場を切り拓くことを決意。その構想を当時三菱で活躍していた小野義眞に伝え、小野を介して弥之助に出資を願い出る。井上の考えに感銘した弥之助は出資を快諾。農場の名称は3人の創業者の苗字から一字ずつ取る形で「小岩井」と名付けられた。

# 第❼章
# 三菱マンの日常生活と福利厚生

各部署の労働環境は、組合活動のなかで記録が諸々残るが、岩崎弥太郎の「社員を守る」という精神は、弥太郎が長崎造船所に送りこんだ、慶応義塾の教師でもあった2代所長・荘田平五郎(しょうだ へいごろう)のときに大いに発揮され、現在の従業員の福利厚生にも生きている。

昭和35年ごろの朝の通勤風景。水の浦桟橋に着いた社船から従業員が続々と降りてくる

## 三菱マンの日常生活と福利厚生
# 社員の豊かな暮らしを守る

従業員が毎日を安心して暮らせること。それは創業者岩崎弥太郎の願いであった。住宅、病院、文化、学校など、長崎造船所の「職場」とは、「生活全般」を支える存在でもあるのだ。

昭和町の社員寮(独身寮)は「昭和寮」と名付けられている。上は昭和39年(1964)撮影の旧昭和寮。そして右は現在の昭和寮。独身社員専用である 〓

### 第二ドックハウスは乗組員宿舎だった

グラバー園内の一番高台にある白く瀟洒な旧三菱第二ドックハウス。実はこの建物は、明治29年(1896)飽の浦の第二ドックのそばに建てられたものを移築したものである。そもそも、修理のために船が造船所へ入っている間の乗組員専用の宿舎であった。史料館内の第二ドックの小写真で、左手前に位置する、当時のドックハウスの屋根が確認できる。

 **住宅** ## 社宅の起原は出島のオランダ屋敷

　長崎造船所の社宅の起原は長崎製鉄所の創設と同じくらい古い。製鉄所の建設を指導したオランダ人技術者は、出島のオランダ屋敷から毎日小舟で往復していた。そこで通勤時間を節約するため、飽の浦(現在の三菱病院付近)に地所を買い、簡単な宿舎を建てた。
　明治になり、立神ドックの築設のために雇ったフランス人技術者の宿舎は、飽の浦の丘の上(現在の峰厳寺隣り)に明治7年(1874)に建築したが、これは原爆で消失している。
　厚生設備の充実に特に意を用いたのは第2代所長・荘田平五郎。社員社宅、病院、工業予備学校など画期的な施策を次々に実施に移した。
　その後社宅は設備も規模も充実させて、現在にいたっている。最近では、老朽化した浜口の社宅が取り壊され、三方に広がった棟が特徴的(まるで三菱マークのよう)な新しい高層マンションとなっている。

## 病院  日本初の企業内病院。初のエレベーターも

明治中頃まで、長崎造船所での負傷者は県立病院で治療を受けており、明治28年(1895)からは民間に委託していた。しかし造船所から遠く不便であったし、従業員が増えたこともあり、明治30年(1897)、飽の浦に病床数50の「三菱病院」を開院した。会社内病院としても、また洋式病院としても我が国初である。荘田所長は、企業内病院の創設と同時に、「職工救護法」も制定。業務上の負傷、傷害の治療費はすべて会社の負担とした。

大正7年(1918)、病院は一部3階建てレンガ造りとなり、エレベーターも備えるなど関西以西随一の最新設備を誇った。昭和20年(1945)の原子爆弾の被害にも建物は壊れず、数千の負傷者の治療にあたった。昭和50年(1975)には現在の新館が完成した。現在、三菱病院西側が飽の浦の大通りに面す。

上・「HOSPITAL」と書いてあるのは、戦後、駐留軍に病院であることを明示するため
左・大正7年に完成した三菱病院は、早くもエレベーターが設置されていた
下・現在の検診棟（平成18年）
3点とも㊂

## 社倉  お米の安定販売が始まりの「社倉」

明治44年(1911)、米1升7銭程度であったものが約4倍の30銭近くと暴騰し、市民の生活を圧迫したことがあった。そこで長崎造船所では、米を直接産地から購入し、販売所を設けて従業員に廉価で販売した。これが「社倉」の始まり。また、長崎造船所の大八車、船などで配達もおこなった。

昭和54年(1979)の社倉の様子 ㊂

明治45年(1912)、取扱い品目は麦、醬油、石鹸、足袋など日用品全般に拡大し、社員に大いに利用され、生活の安定に寄与した。昭和41年(1966)からは、新たに設立された「菱社倉」に委託、ピーク時の平成7年(1995)には14店舗を数えた。しかし、長崎市内各所に大型商業施設が次々でオープンするなか、現在では1店舗のみが営業し、利用されている。

## 2 三菱マンの日常生活と福利厚生

# はいからなスポーツを日本に紹介し、広める

明治の長崎造船所からは海外出張行くものが多かった。彼らは技術研究のかたわら、その国の文化やスポーツも持ち帰り広めたのである。はいからなスポーツブームは長崎造船所から始まった。

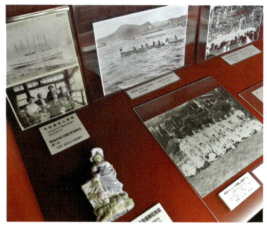

史料館に展示されたボートの写真 Ⓚ

### ボート 長崎港で大がかりなボートレース

明治20年代から社員愛好者が漕いでいたボート。そのレースは初夏の長崎のイベントとして定着し、市民も応援していた。明治37年(1904)開催のボートレースはドイツ巡洋艦員も観戦している。

大浦海岸通りから見物する昔ながらのペーロンと違い、ボートレースは水の浦から旭町までの埠頭がメイン会場。テントがけの観覧席に行政や警察、税関、郵便局の職員のための招待席が設けられた大がかりなものであった。

平成19年(2007)都市対抗野球九州予選で優勝し、東京ドーム15回目の出場を飾るチーム ㊂

### 野球 あの巨人と対戦したことも！

野球チームは大正3年(1914)に設立。大正10年(1921)には、浜口町の湿地帯を埋め立てて完成した三菱野球場で練習をおこなっていた。昭和に入ると造船・兵器・鉄鋼・電機から成る全三菱球団が発足。八幡製鉄所との定期戦をおこなうなど活発化した。昭和10年(1935)には全三菱チームVS東京巨人軍の対戦も実現している（巨人軍はその前年に結成）。

その後は不況や戦時体制のために休止状態に。戦後は浜口にあった野球場を稲佐に新設。都市対抗野球大会に初出場したのは昭和50年(1975)。以降現在までに計15回の出場し、平成3年(1991)、11年(1999)には準優勝。多くのプロ野球選手を輩出したことでも知られる。

## マラソン　全国有数の駅伝チームここにあり

　部員5名の「駅伝部」、それが昭和57年(1982)マラソン部の始まりだった。その後は順調に発展し、全日本実業団駅伝(ニューイヤー駅伝)では、平成7年(1995)以降13年連続で出場。平成15年(2003)には11位となるなど、実力を伸ばしている。九州一周駅伝大会では、現在は長崎県チームの主力を長崎造船所の選手が構成し、上位を争うチームの要として活躍している。近年特筆すべきが、平成26年(2014)10月に開催された仁川アジア大会で、松村康平が1位と1秒差(2時間12分39秒)で2位につけた記録がある。

昭和4年(1929)の陸上競技メンバー

## ラグビー　社会人リーグでの優勝など好成績

　ラグビー部は、昭和2年(1927)に結成。昭和33年(1958)以降の全国大会に出場を果たし、西日本社会人Aリーグにおいても、昭和51年(1976)に初優勝するなどの成績をおさめた。その後、長崎招待ラグビーや国体における長崎県代表チームへも、多くの選手を送りこんだ。現在も、関東・関西の一流チームと対戦して、長崎県ラグビーの振興に努めている。

昭和25年(1950)三菱球場でのイギリス艦隊戦

### 浦上川沿いはスポーツ施設がずらり

　すでに大正時代から本格的な庭球コートや野球場を持っていた長崎造船所。現在は浦上川沿いに、三菱球場、三菱武道場、テニスコートなどが整備されている。昭和60年(1985)に完成した三菱重工総合体育館は、トレーニングルームや体力診断コーナーもあり、一般市民にも開放されている。

### ドックをプール代わりに水泳大会

　昭和7年(1932)の夏、第3ドックをプールがわりにして造船・電機・製鋼・兵器の三菱4場所対決の水泳大会がおこなわれた。ドックの3分の1ほど水を張り、団平船を固定し、スタート台に。なぜか、このスタイルは、一度きりで終わったようである。当時の珍しい写真が、史料館で観られる。

水泳
昭和7年(1932)の珍しい写真

## 3 三菱マンの日常生活と福利厚生

# 社員の一日から、賞与、退職まで

三菱に勤める人々は、どんな一日、どんな一生を送るのか。名物の朝のラッシュから、退職祝いで初めて訪れることのできる占勝閣まで、そのエピソードは、社外から見るととても興味深い。

右は大波止の乗船桟橋 Ⓝ
上はバス通勤風景 ⓂⓂ

### 通勤船にいざ飛び乗って

午前6時半出発の船では、時間ギリギリで飛び乗る光景も日常的に見られた。残念ながら間に合わず、船と桟橋の間の海中に落ちた人を、皆で引き上げることもしばしばだったという。

### 長崎ならではの朝の風景、社用船で通勤

長崎造船所は長崎港を挟み市中心部の対岸に位置するため、通勤手段として明治初めから送迎船が運航された。当初数百人規模の従業員も、蒸気船で2階付き団平船数隻を曳航するまでに増え、1万名を超えた明治40年頃には15隻に。大正7年(1918)には金比羅丸、9年(1920)には諏訪丸(ともに定員1500名)が就航。昭和初期の造船不況期には市営船などを利用し、大戦後も従業員の増減に併せて通勤船は運航される。昭和45年(1970)以降、香焼深堀地区への工場展開に対応して、香焼工場までの運航も始まった。長崎市中心部から香焼までは約15キロ、バスで50分の距離だが、通勤船ならば約25分と大幅短縮。市内の交通渋滞緩和にもなった。

現在、規模は縮小されたが、大波止－香焼工場間が行き来している。

一時金の袋詰めをする様子。昭和35年(1960)ごろ ⓂⓂ

### その名も「越盆資金」「越年資金」

今ではおなじみの夏と冬の「ボーナス」も、昭和34年(1959)まではそれぞれ「越盆資金」「越年資金」と言われ、夏季、年末一時金として支払われていた。その後昭和45年(1970)からは、年間で支給金額を決定する「年間一時金方式」になった。

昔も今も三菱の給料日はもちろん、年に2回のボーナス日ともなると、市街地の賑わいもひとしおとなる。

## 社員食堂で工場給食、戦中は直営農場も

　早朝からフル稼働の工場では、食堂での昼食は力の源。大正8年（1919）、社員食堂が完成してからは「工場給食」も始まった。もっとも当時は弁当持参組の社員も多かったらしい。

　第二次世界大戦争が始まると、食糧は配給制となり、時局が厳しくなるにつれ、質量ともに乏しいものになった。これを補うべく、諫早に直営の農場を設けたり県外から野菜を購入するなど工夫したという。戦後昭和34年（1959）には近代的な炊事施設と食堂を併設、なんと第一食堂は1500名収容、第二食堂は1000名収容というからすごい。現在は食堂のほかにリフレッシュコーナーなども設けられている。

上・昭和36年（1961）ごろの昼食風景 ㊂
左・昭和25年（1950）ごろ、西九州重工時代の弁当箱 Ⓚ
下・昭和33年（1958）ごろの給食台所 ㊂

## 夏の長崎の一大イベント「とっとっと祭り」

　みなとまつりでもないのに花火が上がる…？　毎年8月末におこなわれる「とっとっと祭り」は長崎造船所と三菱重工労組長船支部の共催だ。かつては「造船祭り」とよばれ、毎年継続して開催されてきた。その時代じだいのスーパースターが出演するとあって、従業員はもちろん、長崎の人々にとっても夏の終わりの風物詩のようなイベントだ。ここ数年、水辺の森公園でおこなわれており、出店のテントもずらりと並ぶ。

上・昭和21年（1946）の造船祭 ㊂
左・社員および家族慰安観劇会の出演者も豪華な顔ぶれ ㊂

占勝閣の館内には国宝級の名画も飾られてある。また、食堂のシャンデリアはバッキンガム宮殿と同じ物で、銀器の食器類はイギリス王室御用達のマッピンウェーブ社に、陶器類はロイヤルドルトン社にと、いずれも特別注文している。すべて三菱のマークが入った最高級のイギリス製品である（写真は占勝閣 Ⓜ）

### 昔の退職祝いは夫婦で東京旅行

昭和40年（1965）4月のある朝、長崎駅前に集合したのは6月末で定年退職になる86名とその妻。5泊6日の熱海〜箱根〜東京〜日光の旅程は列車移動であったが、鬼怒川温泉やハワイといったオプショナルツアーも選ぶことができた。招待旅行は昭和27年（1952）3月からで、神戸造船所は九州へ、横浜造船所は関西や東海地方となっていた。

## 退職を前にいざ憧れの占勝閣へ

定年退職を迎えた三菱重工労組長船支部員Oさんの話だ。退職を迎えるOさんのもとに、3ヶ月ほど前に占勝閣への招待状が届いた。業務に励みつつも長年の憧れの象徴である、あの建物。どんなにすばらしいかと想像をふくらましていた。案内は数グループに分けられ、閣内で約1時間、説明を受けながら見学ができる。内装、家具、調度品、そのすべてが「予想ができなかったほどの豪華さ」であったことに驚嘆し、人生の良い記念になったと語った。

三菱重工労組長船支部から退職記念に帆船の鼈甲細工が贈呈される Ⓝ

10周年よりも20周年の記章の方が当然存在感がある。これをつけていると、店での格も違うものらしい ☰

所属や職務により、記章の形や色は異なる ☰

平成19年（2007）の折には、創業150周年の記念に「長崎造船所150年史」などの冊子類と、占勝閣を彫りこんだクリスタル球形置物を全所員に配布した ☰

# 世界の三菱を支えた立役者、三菱技術学校の存在

　創業者である岩崎弥太郎は、福沢諭吉の著した「実業立国論」に共鳴し、企業に入ってすぐに役立つ人材を養成したい気持ちが強かった。その考えのもとに、卒業、入社と同時に実践で役立つ人材を養成するために三菱商船学校や三菱商業学校を設立した。

　これらは、時代とともに何度も校名や組織を変えてきたが、なかでも三菱長崎造船技術学校は、授業料免除のうえ、昼食・宿舎付きで給料ももらえたとあって、優秀な生徒たちが全国から集まってきた。入学試験平均倍率も8倍をくぐりぬけた技術畑のエリートが育つ、三菱独自の教育機関だったのである。世界一を支えた立役者を続々と輩出し、その後、昭和45年(1970)に71年の歴史は閉ざされた。

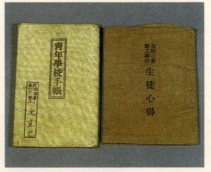

三菱青年学校の生徒手帳(左)と、三菱職工学校の生徒手帳(右)㊂

左・史料館に展示された三菱青年学校の制帽 Ⓚ

## 三菱の教育機関の変遷

明治32年(1899)学歴が尋常小学校以上「三菱工業予備学校」を設立。

大正7年(1918)「三菱工業学校」と改称。

大正12年(1923)軍需生産の増加と中堅技能者の養成を目標とし、「長崎三菱職工学校」と改組。

大正15年(1926)国の青年訓練所令の公布にあわせ昭和2年(1927)「私立長崎三菱青年訓練所」を附設した。

昭和10年(1935)に青年学校令が公布され義務制に改められたため、同訓練所を廃止し「私立長崎三菱青年学校」を設立。

昭和14年(1939)職工学校を統合したうえで「私立三菱長崎工業青年学校」(23年3月廃校)と改称し、戦時中の国民教育と技能教育をおこなった。

昭和23年(1948)小学校6年・中学校3年の学制により、技術学校の入学資格は中学卒業者となる「三菱長崎造船技術学校」が設立。

昭和45年(1970)「三菱長崎造船技術学校」廃校。

三菱長崎造船技術学校の授業風景。国語、社会、幾何・代数、物理・化学のほか、工業英語、船舶構造・艤装、製図などを1年次に習得する。英語の教科書は原書が使用された。2年次は原動機概論、機械材料、材料力学、3年次は船舶工学ほか、実習に重きをおいた ㊂

# 第❽章
# 古写真でたどる長崎造船所

150年余りの歴史をもつ長崎造船所。その経営主体は、時代の流れとともに江戸幕府から明治政府、そして三菱へと移り変わっていった。残された古い写真と長崎の街の地図を見比べていくと、造船所とともに、わが国重工業の発展の歴史が見えてくる。

長崎港周辺（上野彦馬・明治初期）（長崎大学附属図書館所蔵）

幕末期に来崎した外国人写真家や、日本の職業写真家のパイオニア・上野彦馬のレンズを通した近代長崎の姿。成長と発展を続けながらも、戦争による好況・不況に揺れ、原爆の被害から復興する造船所と長崎の人びと。一瞬を切り取った写真の数々が、たしかな重みを伴って見る者の胸に迫る。写真は開業間もない長崎製鉄所の景色。

## 古写真でたどる長崎造船所

# 明治以前の飽の浦

イタリア生まれでイギリス国籍をもつ写真家F・ベアトは幕末に来日、東海道の風景など当時の風俗を知る貴重な写真を残している。1864年(元治元)には来崎、撮影された長崎近郊の写真の中に、稲佐から飽の浦で撮られたものもある。

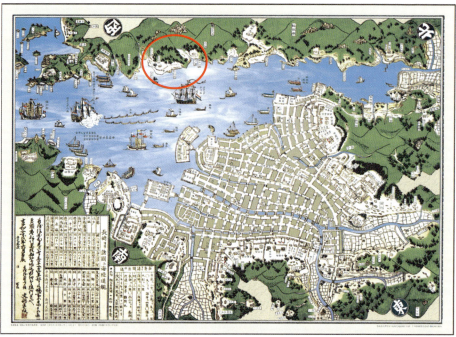

長崎勝山町文錦堂版「肥州長崎図」(享和2年(1802))(長崎文献社刊) 工場施設が作られる前の飽の浦の海岸線(赤丸)が興味深い

■長崎名勝図絵
「三投石(身投石)」

現在、本館ビルの建つ岩瀬道の岬は、悲恋の末身投げした遊女の伝説で、ちょっとした名所で「身投石」だった。

民家と和船。はっきりした場所は不明だが、稲佐海岸付近と考えられる。長崎港西岸の当時の雰囲気がよくわかる。〈F・ベアト・元治元年(1864)撮影〉(長崎大学附属図書館所蔵)

飽の浦の入り江に注ぎこむ大日川の石橋と人物。〈F・ベアト・元治元年(1864)撮影〉(長崎大学附属図書館所蔵)

現在の飽の浦の谷。住宅が並び、川は地下水路となっているが、山の稜線は変わらない。

現在の三菱病院付近にあったオランダ人宿舎。〈F・ベアト・元治元年(1864)撮影〉(長崎大学附属図書館所蔵)

文久元(1861)年に完成したばかりの長崎造船所の前身、長崎製鉄所

## 古写真でたどる長崎造船所

# 官営時代

安政4年(1857)年に建設着工された長崎鎔鉄所は、文久元年(1861)に工事完了し、長崎製鉄所と改称して運営開始となる。やがて明治政府が接収し、長崎府判事の総轄のもとに経営された。

「長崎港全図」明治3年(1870)飽の浦の製鉄所、立神の造船場が記載されている。〈長崎歴史文化博物館蔵〉

飽の浦から見渡す長崎港。多くの船の出入りで賑わっている。右端が長崎製鉄所。
〈内田九一・明治5年(1872)撮影〉〈長崎大学附属図書館所蔵〉

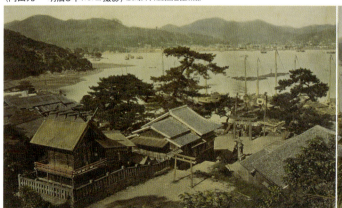
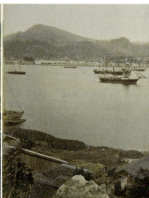

完成した長崎製鉄所。建物を比べると、P92の写真より前に撮られた写真であることがわかる。〈上野彦馬・明治初期撮影〉(長崎大学附属図書館所蔵)

英字新聞「The Far East」に掲載された飽の浦からの風景。(長崎大学附属図書館所蔵)

現在の飽の浦の高台からの風景。建物が立ち並び、見渡すのは難しい。

## 3 古写真でたどる長崎造船所
# 三菱造船所の誕生と発展

幕末期に用地造成まで完了していたドックの建設はしばらく中断、立神第一ドックが完成したのは明治12年(1879)であった。その後、明治20年(1887)に三菱社に払いさげられて、三菱長崎造船所が誕生した。長崎造船所は明治の終わりには日本初の発電用タービンを完成させるなど、機械部門の発展をみせるいっぽう、時代の流れにより戦艦「武蔵」などの多くの艦船を建造した。

1870年10月1日付の英字新聞「The Far East」に掲載された、ドック掘削中の写真(『平野富二伝』朗文堂刊)

三菱社に払い下げられて間もないころの立神第一ドック(長崎大学附属図書館所蔵)

現在の立神の風景

ドックハウスの増築などから、立神第一ドックの設備が整っていく様子がわかる(長崎大学附属図書館所蔵)

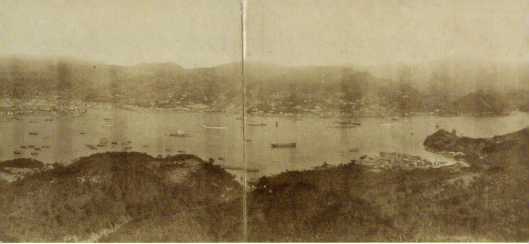

長崎港全景写真　稲佐山からの眺望〈明治中期〉(長崎歴史文化博物館蔵)右端に長崎造船所がみえる

日露戦争後、巨大な艦船製造のため、工場の拡張やガントリークレーンの建造がすすめられた〈大正期の絵葉書〉(長崎大学附属図書館所蔵)

巡洋艦鳥海の進水式。昭和6年4月5日、第一船台から進水した(『アルバム長崎100年　戦中・戦後』長崎文献社刊)

## 4 古写真でたどる長崎造船所
# 戦後の復興、さらなる飛躍へ

造船所を始めとする工場施設が集中した長崎は、幾度かの空襲に見舞われている。昭和20年(1945)8月9日の原子爆弾投下では、爆心地に近かった兵器工場や製鋼所など壊滅的被害を受けた。戦後はいち早く復興して設備の近代化に成功、高度成長の波に乗り世界をリードする企業へと成長をとげた。

昭和20年8月1日の空襲により被害を受けた三菱長崎造船所の第一事務所(『アルバム長崎100年　戦中・戦後』長崎文献社刊)

被爆翌年には車両工場として稼働はじめた三菱造船所幸町工場(『アルバム長崎100年　戦中・戦後』長崎文献社刊)

水の浦桟橋に係留中の造船所送迎船と市営交通船。昭和24年の通勤風景(『アルバム長崎100年　戦中・戦後』長崎文献社刊)

現在の水の浦。桟橋は残っていない

# 地図で見る三菱長崎造船所、施設拡大の変遷

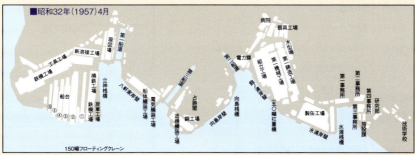

『創業百年の長崎造船所』より

三菱重工業長崎造船所パンフレットより

　明治期から昭和にかけて、施設の拡充にともなう、立神から飽の浦一帯の海岸線の変化も興味深い。

　昭和46年(1971)には、深堀・香焼地区の三菱重工最大規模の工場が完成し、翌年香焼ドックが竣工した。ついで昭和60年(1985)には諫早工場が竣工して、防衛機器の組み立て工場や、太陽電池工場、機器工場などが整った。

# 三菱重工長崎造船所の変遷

長崎製鉄所の誕生にさかのぼる前史から始まり、現代までの歴史の流れが一覧できる。
(『長崎造船所150年史』、冊子『史料館』巻末年表より 平成20年以降は編集部編)

| 西 暦(和 暦) | 長崎造船所の動き | 世界と日本の主な動き |
|---|---|---|
| 1857(安政4) | 幕府海軍伝習所、長崎鎔鉄所の建設事着工<br>オランダ海軍主任技師が修繕船岸壁建設を建議 | 1857(安政 4)　オランダよりヤパン号、長崎入港 |
| 1860(万延元) | 長崎製鉄所に改称 | 1860(安政 7)　桜田門外の変 |
| 1861(文久元) | 長崎製鉄所竣工<br>立神軍艦打建所を計画<br>オランダ海軍主任技師ハルデスがレンガ作りから指導 | |
| | | 1862(文久 2)　生麦事件 |
| 1864(元治元) | 軍艦打建所を立神造船場に改称 | 1867(慶応 3)　大政奉還 |
| 1868(明治元) | 長崎製鉄所、長崎府判事統括下に入る | 1868(明治 元)　明治維新、江戸を東京に改称 |
| 1869(明治2) | 薩摩藩とトーマス・グラバーにより船舶修理施設小菅修船場建設 | 1869(明治 2)　戊辰戦争終結 |
| 1870(明治3) | 立神第一ドック着工 | 　　　　　　　スエズ運河開通 |
| 1871(明治4) | 工部省所管となり長崎造船所に改称 | 1871(明治 4)　廃藩置県布告 |
| 1872(明治5) | 長崎製作所に改称 | |
| 1877(明治10) | 長崎工作分局に改称 | 1877(明治10)　西南戦争終結 |
| 1879(明治12) | 立神第一ドック完成 | |
| 1884(明治17) | 7月 工部省から工場を三菱社に引き受け事業を継承(三菱重工の創立)<br>7月 長崎造船局を「長崎造船所」と改称 | |
| 1885(明治18) | 2月 初代社長岩崎弥太郎逝去(52歳)従5位に叙せらる<br>6月 飽ノ浦工場・立神船渠間に電話器架設 | 1885(明治18)　9月 日本郵船会社創立<br>　　　　　　12月 通信省新設、管船局管轄 |
| 1886(明治19) | 3月 郵便汽船三菱会社「三菱社」と改称<br>　　 小菅修船場、三菱の所有となる | 1886(明治19)　7月 海軍兵学校設置 |
| 1887(明治20) | 5月 三菱社(高島炭坑)貨客船「夕顔丸」竣工<br>6月 政府より借用中の本工場、土地、建物、機械器具など一切を買収 | 1887(明治20)　3月 海防整備の詔下る |
| 1888(明治21) | 12月 長崎造船所を「三菱造船所」と改称<br>　　　大阪商船から3汽船建造の注文を請ける | 1888(明治21)　1月 500石積以上の大和形船製造禁止 |
| 1889(明治22) | 7月 大阪商船「筑後川丸」「木曽川丸」起工 | 1889(明治22)　2月 大日本帝国憲法公布<br>　　　　　　7月 東海道線全線開通 |
| 1890(明治23) | 5月 大阪商船向け貨客船「筑後川丸」竣工<br>9月 大阪商船向け貨客船「木曽川丸」竣工 | 1890(明治23)10月 教育勅語発布<br>　　　　　　11月 第一回帝国議会開院式挙行 |
| 1891(明治24) | 8月 大阪商船向け貨客船「信濃川丸」竣工 | 1891(明治24)　3月 長崎本河内水源地上水道竣工<br>　　　　　　6月 日本郵船、帆船を全廃 |
| | | 1892(明治25)　9月 小学校教科書検定制を施行 |
| 1893(明治26) | 12月 「三菱合資会社」設立<br>　　　当所を「三菱合資会社三菱造船所」と改称 | 1893(明治26)　1月 長崎市内に点灯(電灯)開始<br>　　　　　　9月 国歌「君が代」を儀式用唱歌として告示 |
| 1894(明治27) | 3月 立神船渠の延長工事着手<br>12月 三菱合資会社事務所として、丸ノ内第一号館竣工 | 1894(明治27)　8月 日清戦争勃発<br>　　　　　　11月 日米通商航海条約調印 |
| 1895(明治28) | 7月 立神船渠の延長工事竣工<br>10月 飽の浦に第二船渠の建設工事着手 | 1895(明治28)　7月 日清休戦条約成立<br>　　　　　　6月 日露新海通商条約調印 |
| 1896(明治29) | 7月 英人顧問技師J・クラーク着任<br>11月 第二船渠竣工 | 1896(明治29)　3月 日本郵船欧州航路開始<br>　　　　　　4月 近代オリンピックアテネ大会開催 |
| 1897(明治30) | 9月 飽ノ浦中央発電所竣工、10月1日から各工場に点灯<br>10月 飽の浦に三菱病院を新築 | 1897(明治30)　3月 ロシア東洋艦隊が長崎入港、停泊<br>　　　　　　4月 造船協会設立 |
| 1898(明治31) | 9月 飽ノ浦鍛冶工場、新築着工、旧工場は立神船渠頭部に移す | 1898(明治31)　7月 民法(全編)施行<br>　　　　　　10月 九州鉄道、浦上―門司間全通 |
| 1899(明治32) | 10月 技士、技工養成の目的で三菱工業予備学校を設立 | 1899(明治32)　2月 東京―大阪、東京―神戸間長距離電話開通<br>　　　　　　4月 長崎市内に電話開通 |

| 西暦(和暦) | 長崎造船所の動き | 世界と日本の主な動き |
|---|---|---|
| 1900(明治33) | 4月 就業時間1日9時間制を10時間制に変更<br>10月 皇太子嘉仁親王殿下御来所 | 1900(明治33) 5月 北清事変勃発 |
| 1901(明治34) | 3月 三菱工業予備校、煉瓦造瓦葺2階建の校舎竣工<br>12月 第三船渠築設工事着手 | 1901(明治34) 10月 日本船舶信号公布 |
| 1902(明治35) | | 1902(明治35) 1月 日英同盟条約調印<br>3月 海港検疫管制公布 |
| 1903(明治36) | 11月 皇太子殿下に献上の木造蒸気ヨット「初加勢」竣工<br>12月 第二船台・第三船台竣工 | 1903(明治36) 11月 日本船主同盟会結成<br>12月 ライト兄弟、飛行に成功 |
| 1904(明治37) | 5月 身投岬の丘上に木造西洋館2階建の所長社宅竣工<br>(のち占勝閣) | 1904(明治37) 2月 日露戦争勃発<br>12月 孫文、日本に亡命 |
| 1905(明治38) | 3月 第三船渠の開渠式挙行 | 1905(明治38) 4月 九州鉄道、浦上ー長崎間開通<br>9月 日露講和条約調印 |
| 1906(明治39) | 2月 第一船台竣工 | 1906(明治39) 3月 鉄道国有法公布<br>9月 海軍整備予算公布 |
| 1907(明治40) | 9月 船型試験水槽竣工 | 1907(明治40) 4月 国際ガソリン自動車第一号完成<br>7月 日韓協約調印 |
| 1908(明治41) | 1月 病院を「三菱造船所病院」と改称 | 1908(明治41) 3月 石油消費税法公布<br>6月 国際無線電信条約公布 |
| 1909(明治42) | 12月 150トン電動槌頭型起重機竣工 | 1909(明治42) 7月 国道1・2号線設定<br>10月 伊藤博文がハルビン駅頭で暗殺される |
| 1910(明治43) | 5月 ロンドンで開催の英博覧会に当所工場模型出品 | 1910(明治43) 5月 夜間電信制開始<br>8月 日韓併合条約調印 |
| 1911(明治44) | 7月 大型戦艦建造のため関係工場の拡張に着手 | 1911(明治44) 2月 日米修正通商航海条約調印<br>4月 工場法公布 |
| 1912(大正元) | 12月 飽ノ浦埋立地に造缶工場1棟新設<br>12月 第一船台、ガントリ・クレーン新設完成 | 1912(大正元) 7月 オリンピックストックホルム大会(日本初参加)<br>7月 明治天皇崩御(大正と改元) |
| 1913(大正2) | 3月 孫逸仙(孫文)来所 | 1913(大正2) 9月 南京事件発生<br>10月 中華民国を承認 |
| 1914(大正3) | 6月 三菱の商標(スリーダイヤモンド)登録許可 | 1914(大正3) 1月 桜島大爆発<br>7月 第一次世界大戦勃発 |
| 1915(大正4) | 10月 三菱造船所を「三菱合資会社長崎造船所」と改称 | 1915(大正4) 12月 アインシュタイン相対性原理発表 |
| 1916(大正5) | 3月 三菱病院支局新築工事完成 | 1916(大正5) 7月 日露新協約調印 |
| 1917(大正6) | 3月 長崎兵器製作所開設<br>11月 三菱造船株式会社設立 | 1917(大正6) 9月 金輸出禁止令公布<br>11月 ロシア革命勃発 |
| 1918(大正7) | 1月 三菱工業予備学校「私立三菱工業学校」と改称 | 1918(大正7) 8月 富山県で米騒動勃発<br>11月 第一次世界大戦終結 |
| 1919(大正8) | 11月 三菱病院新館へ移転 | 1919(大正8) 5月 芥川龍之介来崎<br>6月 ベルサイユ平和条約調印 |
| 1920(大正9) | 4月 東宮裕仁親王殿下、戦艦「土佐」の第一鋲を打たせらる | 1920(大正9) 1月 国際連盟発足<br>世界的経済恐慌 |
| 1921(大正10) | 9月 長崎製鋼所業務を当所に移管、長崎造船所製鋼部を新設 | 1921(大正10) 4月 船舶用機関、輸入税廃止<br>4月 造船材料、間接税免税 |
| 1922(大正11) | 2月 戦艦「土佐」・巡洋戦艦「高雄」建造中止の建造中止の正式命令受ける | 1922(大正11) 2月 ワシントン軍縮条約調印<br>4月 健康保険法公布 |
| 1923(大正12) | 2月 長崎三菱職工学校発足<br>11月 当所電機工場、三菱電機株式会社に移管、長崎製作所となる | 1923(大正12) 2月 長崎ー上海間に日華連絡船「長崎丸」就航<br>9月 関東大震災 |
| 1924(大正13) | 5月 海軍兵学校在学中の高松宮宣仁親王殿下、当所ご見学 | 1924(大正13) 7月 アメリカが排日移民法実施<br>7月 メートル法実施 |
| 1925(大正14) | 4月 廃船「土佐」の前檣を海軍より譲り受け、殉職者招魂碑の主柱として向島丘上に建立 | 1925(大正14) 5月 浦上天主堂完成<br>7月 東京放送局、ラジオ本放送開始 |
| 1926(昭和元) | 7月 稲佐橋(長崎市注文)鉄骨工事竣工し、開通式挙行 | 1926(昭和元) 7月 健康保険法施行<br>12月 大正天皇崩御(昭和と改元) |

| 西暦(和暦) | | 長崎造船所の動き | 世界と日本の主な動き | | |
|---|---|---|---|---|---|
| 1927(昭和2) | 1月 | 長崎三菱職工学校に私立長崎青年訓練所を付設 | 1927(昭和2) | 5月 | リンドバーグ、大西洋横断飛行 |
| | | | | 12月 | 我が国初の地下鉄開業(東京上野―浅草間) |
| 1928(昭和3) | 3月 | 一等巡洋艦「羽黒」伏見宮博恭王殿下御臨席もとに進水式挙行 | 1928(昭和3) | 1月 | 第一回普通選挙施行 |
| | | | | 5月 | 日華両軍が済南で衝突 |
| 1929(昭和4) | 10月 | 鋼製炭車の試作開始 | 1929(昭和4) | 7月 | 工場深夜業廃止 |
| | | | | 10月 | 世界恐慌始まる |
| | | | 1930(昭和5) | 4月 | ロンドン海軍条約調印 |
| | | | | 6月 | 全国労働組合同盟結成 |
| 1931(昭和6) | 2月 | 立神診療所開設 | 1931(昭和6) | 8月 | 重要産業統制法施行 |
| | | | | 9月 | 満州事変勃発 |
| | | | 1932(昭和7) | 3月 | 満州国政府が建国宣言発表 |
| | | | | 5月 | 犬飼首相暗殺(5.15事件) |
| 1933(昭和8) | 3月 | 東宮伏見宮周子大妃殿下御来所(占勝閣) | 1933(昭和8) | 3月 | 日本が国際連盟脱退を通告 |
| | | | | 10月 | ドイツが軍縮会議と国際連盟脱退 |
| 1934(昭和9) | 4月 | 「三菱重工業株式会社長崎造船所」と改称 | 1934(昭和9) | 9月 | 室戸台風、関西地方に大被害 |
| | | | | 10月 | ワシントン海軍軍備制限条約廃棄通告 |
| 1935(昭和10) | 3月 | 青年訓練所を廃止、私立長崎三菱青年学校を設立 | 1935(昭和10) | 10月 | イタリアとエチオピア開戦 |
| 1936(昭和11) | 7月 | 小菅船渠を史蹟名勝天然記念物保存法により史蹟地に指定さる | 1936(昭和11) | 2月 | 青年将校ら首相官邸などを襲撃(2.26事件) |
| 1937(昭和12) | 4月 | 当所電気製鋼工場を独立、長崎製鋼所として発足 | 1937(昭和12) | 6月 | ヘレン・ケラー来崎 |
| | 9月 | 構内見学観覧禁止 | | 7月 | 日華事変勃発 |
| 1938(昭和13) | 5月 | 三菱会館開館式挙行 | 1938(昭和13) | 4月 | 国家総動員法公布 |
| | 6月 | 三菱職工学校及び私立三菱青年学校、浜口町新校舎に移転 | | 5月 | メーデー禁止 |
| 1939(昭和14) | 3月 | 財団法人三菱工業教育会解散 | 1939(昭和14) | 9月 | 第二次世界大戦始まる |
| | 6月 | 長崎市南山手町、倉場邸(グラバー邸)買収 | | 10月 | 石油配給制となる |
| 1940(昭和15) | 10月 | 日本郵船向け貨客船「橿原丸」を航空母艦「隼鷹」に改装 | 1940(昭和15) | 9月 | 日独伊三国同盟調印 |
| | 11月 | 戦艦「武蔵」伏見宮博恭王殿下御臨席のもとに進水式挙行 | | ＊ | 東京オリンピック中止 |
| 1941(昭和16) | 5月 | 日本郵船向け貨客船「春日丸」を特設航空母艦に改装、未完成のまま佐世保へ回航 | 1941(昭和16) | 7月 | アメリカが日本の在米資産凍結 |
| | | | | 12月 | 太平洋戦争勃発 |
| 1942(昭和17) | 10月 | 長崎製鋼所を三菱製鋼株式会社へ譲渡 | 1942(昭和17) | 6月 | ミッドウェー海戦敗北 |
| | | | | 12月 | 関門鉄道トンネル開通 |
| 1943(昭和18) | 4月 | 若松造船工場、起工式挙行 | 1943(昭和18) | 10月 | 軍需会社法公布 |
| | 7月 | 飽ノ浦船型試験場、浦上に移転拡張 | | 12月 | 第一回学徒動員徴兵年限を1年繰り下げ19歳になる |
| 1944(昭和19) | 1月 | 若松造船部を当社若松造船所として分離独立 | 1944(昭和19) | 7月 | サイパン島玉砕 |
| | 1月 | 軍需会社法により軍需会社に指定さる | | 8月 | 学徒勤労令・女子挺身隊勤労令公布 |
| 1945(昭和20) | 7月 | 空襲、工場施設などに甚大な被害受く | 1945(昭和20) | 8月 | 長崎市に原子爆弾が投下される |
| | | | | 8月 | 戦争終結の詔勅放送 |
| 1946(昭和21) | 4月 | 造船祭挙行 | 1946(昭和21) | 5月 | メーデー復活 |
| | 10月 | 占領軍、当所構内より撤去完了 | | 11月 | 日本国憲法公布 |
| 1947(昭和22) | 9月 | 接収中の三菱会館、返還さる | 1947(昭和22) | 4月 | 学校教育法施行(6.3制実施) |
| | 11月 | 体育文化会発足 | | 9月 | 第一次計画造船開始 |
| 1948(昭和23) | 4月 | 三菱長崎造船技術学校設立 | 1948(昭和23) | 11月 | 極東国際軍事裁判判決 |
| 1949(昭和24) | 3月 | フィリピンN.D社注文の7,500T型貨物船3隻の国際契約調印 | 1949(昭和24) | 4月 | 1ドル=360円の単一為替レートを実施 |
| | | | | 10月 | 中華人民共和国成立宣言 |
| 1950(昭和25) | 1月 | 財閥解体に関する集排法により三菱重工は解散、以降清算会社となる | 1950(昭和25) | 5月 | 造船法公布 |
| | 1月 | 西日本重工株式会社態制制定 | | 6月 | 朝鮮戦争勃発 |
| 1951(昭和26) | 7月 | 長崎精機製作所を合併、幸町工場へ移転開始 | 1951(昭和26) | 5月 | 9電力会社発足 |
| | | | | 7月 | 日本がユネスコに加盟 |

| 西暦(和暦) | 長崎造船所の動き | 世界と日本の主な動き |
|---|---|---|
| 1952(昭和27) | 5月 「三菱造船株式会社長崎造船所」と改称、社名、社章および商標変更 | 1952(昭和27) 4月 日米安全保障条約発効<br>5月 東京で血のメーデー事件 |
| 1953(昭和28) | 4月 構内バス1台購入、整備運転開始<br>5月 広報誌「三菱造船」創刊号発行 | 1953(昭和28) 2月 NHK、テレビ本放送開始<br>8月 民間テレビ放送開始 |
| 1954(昭和29) | 9月 安政4年(1857)10月10日を創業日と制定 | 1954(昭和29) 3月 アメリカがビキニで水爆実験<br>7月 陸海空自衛隊発足 |
| 1955(昭和30) | 2月 我が国初の5翼プロペラ完成 | 1955(昭和30) 6月 ロンドンで日ソ交渉開始<br>6月 日米原子力協定調印 |
| 1956(昭和31) | 5月 第三ドック拡張工事着手<br>12月 年間進水量世界第一位となる | 1956(昭和31) 4月 日本道路公団発足<br>7月 雲仙・天草国立公園指定 |
| 1957(昭和32) | 5月 第三事務所にIBM本設備竣工<br>10月 長崎造船所100年祭挙行 | 1957(昭和32) 7月 諫早大水害、県内の死者不明815名<br>10月 ソビエトが世界発の人工衛星打ち上げ |
| 1958(昭和33) | 4月 第一、第二船台水中部コンクリート台新設<br>10月 第一機械工場に世銀融資による工作機械14台据付 | 1958(昭和33) 1月 欧州経済共同体(EEC)発足<br>8月 日本原子力船研究協会発足 |
| 1959(昭和34) | 6月 浜口町に当所初の鉄筋アパート完成<br>7月 記念会館新築完成 | 1959(昭和34) 3月 工場立地法成立<br>4月 国民年金法公布 |
| 1960(昭和35) | 2月 野球場を記念会館北側に移設<br>6月 第三ドック第二次拡張竣工 | 1960(昭和35) 9月 カラーテレビ放送開始<br>12月 国民所得倍増計画を閣議決定 |
| 1961(昭和36) | 1月 所内報「長船ニュース」発刊<br>4月 雲仙荘完成 | 1961(昭和36) 4月 ソビエト、有人宇宙船打ち上げ成功<br>9月 欧州経済力開発機構(OECD)発足 |
| 1962(昭和37) | 2月 昭和寮完成<br>10月 福岡工場完成 | 1962(昭和37) 2月 アメリカ、有人宇宙船打ち上げ成功<br>10月 原油輸入を自由化 |
| 1963(昭和38) | 4月 長崎県金属工業協同組合、諫早工業団地落成<br>10月 三菱三重工合併契約書調印 | 1963(昭和38) 8月 日本原子力開発事業団発足<br>11月 ケネディ大統領(アメリカ)暗殺 |
| 1964(昭和39) | 6月 三菱三重工合併し、三菱重工業株式会社として新発足<br>12月 福岡製作所が当所に編入され、福岡工作部として発足 | 1964(昭和39) 10月 東海道新幹線開通(東京―新大阪)<br>10月 オリンピック東京大会開催 |
| 1965(昭和40) | 9月 世界最大級の20万トンドック竣工(41年9月、30万トンドックと改称)<br>10月 戦後1000枚目のプロペラ完成 | 1965(昭和40) 2月 アメリカ軍が北ベトナム爆撃開始<br>4月 水不足の長崎市に陸上自衛隊給水派遣隊 |
| 1966(昭和41) | 6月 多電極片側自動溶接適用開始<br>10月 ZD運動を全所的に展開 | 1966(昭和41) 2月 ソビエトのロケット初の月面軟着陸に成功<br>5月 中国文化大革命起こる |
| 1967(昭和42) | 2月 横向自動溶接法を開発、実船適用開始<br>3月 香焼島の旧川南造船所を買収 | 1967(昭和42) 6月 第3次中東戦争勃発<br>8月 公害対策基本法公布 |
| 1968(昭和43) | 5月 30万トン船台完成(新第2船台)<br>＊ 高製の舶用タービン製作を当所へ併合・移管 | 1968(昭和43) 2月 日米新原子力協定調印<br>＊ 日本のGNP、世界第2位となる |
| 1969(昭和44) | 5月 香焼にボイラ新チューブ工場完成<br>6月 向島岸壁に人荷エレベータ設置 | 1969(昭和44) 7月 アメリカのRロケット月面着陸成功し人類初めて月面を踏む |
| 1970(昭和45) | 3月 香焼にボイラ・パイプヘッダ工場完成<br>3月 70年の歴史をもつ技術学校を廃止 | 1970(昭和45) 3月 大阪で日本万国博覧会開催<br>3月 日本航空「よど号」ハイジャック事件発生 |
| 1971(昭和46) | 2月 香焼に世界最大級規模の新試験水槽着工<br>4月 艦艇建造専用工場として長浜工作課発足 | 1971(昭和46) 8月 円、変動相場制に移行<br>＊ ドルショックで東京株式暴落 |
| 1972(昭和47) | 10月 世界に誇る新鋭設備、香焼工場竣工式挙行<br>12月 MET過給機の生産1000台突破 | 1972(昭和47) 5月 沖縄復帰で沖縄県として発足<br>9月 日中国交正常化の共同声明調印 |
| 1973(昭和48) | 2月 香焼工場建造ドックの上屋1号機上架<br>5月 香焼工場に世界最大の修繕ドック完成 | 1973(昭和48) 1月 ベトナム和平協定調印 |

| 西暦(和暦) | | 長崎造船所の動き | 西暦(和暦) | | 世界と日本の主な動き |
|---|---|---|---|---|---|
| 1974(昭和49) | 4月 | 枠組立向全自動溶接装置稼働開始 | 1974(昭和49) | 3月 | 商法改正3法案成立 |
| | 8月 | プロペラ着脱装置を開発 | | 8月 | 国土庁発足 |
| 1975(昭和50) | 5月 | 本館ビル完成 | 1975(昭和50) | 3月 | 山陽新幹線開通(岡山―博多間) |
| | 12月 | 三菱病院新館完成、鉄筋コンクリート5階建 | | 7月 | 沖縄国際海洋博覧会開催 |
| 1976(昭和51) | 10月 | 第一工作部で超大型歯切り機械稼働 | 1976(昭和51) | 2月 | ロッキード事件表面化 |
| | | | | 6月 | 石油90日備蓄開始 |
| 1977(昭和52) | 3月 | 香焼工場サイドドックで総重量約1200トン最大重量ブロックを搭載 | 1977(昭和52) | ＊ | 日本の平均寿命が男女とも世界一になる(男72.6歳、女77.9歳) |
| | 3月 | 三菱浅海タンク船式貯油システム開発 | | | |
| | | | 1978(昭和53) | 12月 | 運輸省が造船40社に操業短縮を勧告 |
| | | | | 12月 | 第2次オイルショック |
| 1979(昭和54) | 4月 | 福岡油圧機器部を下船に移管 | 1979(昭和54) | 2月 | イラン革命政府樹立 |
| | | | | 6月 | 第5回先進国首脳会議(東京サミット)開催 |
| 1980(昭和55) | 8月 | 13年ぶりに進水式を一般公開 | 1980(昭和55) | 4月 | アメリカがイランと国交断絶 |
| | 9月 | ディーゼル部門、本社・神船・横宮へ移管 | | 9月 | イラン・イラク戦争勃発 |
| 1981(昭和56) | 7月 | コンピュータ用対話型言語"IDOL"を開発し制御システムを自製化 | 1981(昭和56) | 2月 | ローマ法王ヨハネ・パウロ2世来崎 |
| | | | | 6月 | 改正商法公布 |
| 1982(昭和57) | 6月 | 長船愛唱歌「羽ばたけ長船」完成、作詞作曲山本直純 | 1982(昭和57) | 7月 | 長崎大水害、死者行方不明299名 |
| | 10月 | 創業125周年記念式典挙行 | | 11月 | 長崎自動車道開通 |
| | | | 1983(昭和58) | 4月 | 東京ディズニーランド開園 |
| | | | | 10月 | 東北大学で日本初の試験管ベビー誕生 |
| 1984(昭和59) | 2月 | 第一工作部でブレード加工FMSが稼働 | 1984(昭和59) | 8月 | 金融機関、第2土曜日休日制実施 |
| | 11月 | 第二工作部のニューセラミック工場完成 | | 12月 | 電電公社民営化への関連三法(電気通信事) |
| 1985(昭和60) | 10月 | 諫早工場に防衛機器工場完成 | 1985(昭和60) | 9月 | 主要5ヵ国蔵相、プラザ合意 |
| | 10月 | 三菱史料館開館 | | 9月 | 円相場1ドル230円10銭に急騰 |
| 1986(昭和61) | 1月 | 三菱重工総合体育館開館 | 1986(昭和61) | 4月 | チェルノブイリ原発事故発生 |
| | 4月 | 第一工作部でタービンロータ加工用「大型CNC旋盤」稼動 | | 5月 | 東京サミット、迎賓館で開催 |
| 1987(昭和62) | 10月 | 第一工作部で大型高速回転試験装置が稼働 | 1987(昭和62) | 4月 | 国鉄民営化でJRグループ各社開業 |
| | | | | 10月 | ニューヨーク株式市場で株価大暴落 |
| 1988(昭和63) | 9月 | 上五島石油備蓄向けに世界初の洋上石油備蓄基地用貯蔵船(5隻)引渡し | 1988(昭和63) | 6月 | リクルート事件発覚 |
| | | | | 8月 | イラン・イラク戦争停戦 |
| 1989(平成元) | 3月 | 長崎オランダ村「大航海体験館」が完成 | 1989(平成元) | 1月 | 昭和天皇崩御(平成と改元) |
| | 4月 | 燃料電池工場が完成 | | 4月 | 消費税導入(3%) |
| 1990(平成2) | 2月 | 諫早工場の防衛機器工場拡張工事完了 | 1990(平成2) | 10月 | 東西ドイツ統一 |
| | 6月 | 豪華クルーズ客船「クリスタル・ハーモニー」竣工 | | 11月 | 雲仙普賢岳198年ぶりに噴火 |
| 1991(平成3) | 10月 | 諫早工場に宇宙機器工場完成 | 1991(平成3) | 1月 | 湾岸戦争勃発 |
| | 10月 | 日本最大・最高級クルーズ客船「飛鳥」竣工 | | 12月 | 91年続いたソビエト連邦崩壊 |
| 1992(平成4) | 10月 | 深堀に大型モジュール組立場完成 | 1992(平成4) | 3月 | 東海道新幹線に「のぞみ」登場 |
| | 10月 | 幸町工作課にタイヤ機械加工ライン完成 | | 6月 | 佐世保市にハウステンボス開業 |
| 1993(平成5) | 1月 | 総合生産性向上運動「チャレンジA−1」開始 | 1993(平成5) | 5月 | プロサッカーリーグ・Jリーグ開幕 |
| | 10月 | 三菱重工社内での初めてのISO9001認証取得(風車) | | | |
| 1994(平成6) | 7月 | テクノスーパーライナー実海域模型船「飛翔」完成 | 1994(平成6) | 6月 | 松本サリン事件発生 |
| | 10月 | 造船部門がISO9001認証取得 | | 6月 | 戦後初めて1ドル100円突破 |

| 西暦(和暦) | 長崎造船所の動き | 世界と日本の主な動き |
|---|---|---|
| 1995(平成7) | 3月 制御装置のISO9001品質システム認証取得<br>6月 分散型制御装置としてISO9001認証取得 | 1995(平成7) 1月 阪神・淡路大震災発生<br>(M7.3)<br>4月 円相場1ドル79円台の史上最高値を記録 |
| 1996(平成8) | 3月 陸用タービンのISO9001品質システム認証取得 | 1996(平成8) 3月 イギリスで狂牛病大流行<br>7月 堺市で大腸菌O157による集団食中毒発生 |
| 1997(平成9) | 4月 陸用ボイラ・舶用機械のISO9001品質システム認証取得<br>4月 史料館に展示中の竪削盤が国の重要文化財に指定 | 1997(平成9) 4月 消費税5%に引き上げ<br>12月 地球温暖化防止京都会議開幕 |
| 1998(平成10) | 5月 国際環境管理規格ISO14001認証取得 | 1998(平成10) 5月 家電リサイクル法成立<br>10月 核燃料リサイクル開発機構発足 |
| 1999(平成11) | 7月 ボイラ大型鞍型管台溶接ロボット開発稼動<br>11月 長大斜張橋「大島大橋」が開通 | 1999(平成11) 5月 情報公開法成立<br>6月 男女共同参画社会法公布 |
| 2000(平成12) | 10月 エレクトロニクス工場に遠隔支援センターが完成<br>12月 舶用主ボイラ1600缶目(同時にMBA型ボイラ100缶目)を工場出荷 | 2000(平成12) 4月 介護保険制度がスタート<br>6月 雪印乳業集団食中毒事件発生 |
| 2001(平成13) | 8月 ゴム・タイヤ機械事業を広島製作所へ移管<br>10月 硬式野球部は第28回社会人野球日本選手権大会で優勝 | 2001(平成13) 1月 中央省庁再編、1府12省体制発足<br>9月 アメリカで9.11同時多発テロ発生 |
| 2002(平成14) | 1月 排熱回収ボイラ多孔板チューブ自動挿入装置開発稼動<br>12月 ボイラドラム穴あけ装置導入 | 2002(平成14) 1月 欧州12ヵ国で「ユーロ」流通開始<br>5月 日韓共催のサッカーワールドカップ開幕 |
| 2003(平成15) | 2月 諫早工場に太陽電池工場完成<br>3月 ハンマーヘッド型起重機有形文化財として登録 | 2003(平成15) 3月 アメリカ・イギリス軍がイラク攻撃開始<br>5月 個人情報保護法成立 |
| 2004(平成16) | 5月 大型客船「サファイア・プリンセス」竣工<br>9月 風車工場が長浜に完成 | 2004(平成16) 1月 自衛隊イラク派遣開始<br>12月 スマトラ沖で大地震発生 |
| 2005(平成17) | 7月 地球深部探査船「ちきゅう」竣工<br>12月 巨大斜張橋「女神大橋」開通 | 2005(平成17) 3月 愛知万博開催<br>4月 個人情報保護法が全面施行 |
| 2006(平成18) | 3月 佐世保と西海市を結ぶ「新西海橋」竣工 | 2006(平成18) 4月 長崎さるく博'06開催<br>9月 安倍総裁が首相に。初の戦後生まれ。 |
| 2007(平成19) | 6月 船舶ボイラ生産5000缶突破<br>10月 創業150周年記念式典挙行 | 2007(平成19) 3月 伊藤長崎市長、選挙中撃たれ死亡 |
| 2008(平成20) | 1月 南極観測船「しらせ」向けプロペラ完成<br>9月 IGCC実証機世界初2000時間達成 | 2008(平成20) 9月 サブプライムローンに端を発したリーマンショック<br>12月 下村脩博士など日本人4人がノーベル賞化学賞、物理学賞受賞 |
| 2009(平成21) | レーザー・アークハイブリッド溶接の国内初実用化に成功<br>8月 リチウム二次電池実証向上の建設始まる | 2009(平成21) 1月 アメリカでオバマ政権発足<br>8月 政権交代で民主党が与党に |
| 2010(平成22) | 短工期プロミックス建造で14隻を引渡し<br>10月 立神船台で4年ぶり「あかつき」命名進水式 | 2010(平成22) 4月 中国のGDP、日本を抜き世界第2位に<br>6月 小惑星イトカワから小惑星探査機「はやぶさ」帰還 |
| 2011(平成23) | 4月 史料館に「吉村昭コーナー」開設<br>6月 世界最大級モジュール出荷 | 2011(平成23) 3月 東日本大震災発生、福島第一原発メルトダウン |
| 2012(平成24) | ウィルヘルムセンRO/RO船「TONSBERG」が「シップオブザイヤー2011」に輝く<br>香焼工場に深冷管製作工場が完成 | 2012(平成24) 12月 iPS細胞で山中教授ノーベル賞 |
| 2013(平成25) | 6月 アイーダクルーズ向け大型客船建造着手 | 2013(平成25) 9月 2020年夏季五輪、東京に決定 |
| 2014(平成26) | 5月 アイーダクルーズ向け大型客船建造進水<br>8月 英「スコティッシュ10」にジャイアント・カンチレバー・クレーンが選ばれる | 2014(平成26) 4月 消費税引き上げ(8%) |

## 参考文献一覧

### 〈序章〉
『創業百年の長崎造船所』三菱造船株式会社
『長崎造船所150年史』長崎造船所150年史編纂委員会(三菱重工業株式会社長崎造船所)
『創業150周年記念 長船よもやま話』長船150年史編纂委員会(三菱重工業株式会社長崎造船所)
『新 秋の浦夜話』三菱長崎造船所編
『太平洋の女王 浅間丸』内藤初穂(中公文庫)
『史料館』(三菱長崎造船所)
webページ『長崎造船所 史料館』
(http://www.mhi.co.jp/company/facilities/history/)

### 〈第1章〉
『知ってる?長崎県明治日本の産業革命遺産』長崎の近代化遺産活用事業実行委員会　文化庁
『長崎県近代化遺産めぐり 夢の遺産』長崎近代化遺産研究会(長崎新聞社)
『華の長崎』ブライアン・バークガフニ(長崎文献社)
webページ『明治日本の産業革命遺産　九州と山口地域』
(http://www.kyuyama.jp/index.html)

### 〈第2章〉
『創業百年の長崎造船所』三菱造船株式会社
『長崎造船所150年史』長崎造船所150年史編纂委員会(三菱重工業株式会社長崎造船所)
『創業150周年記念 長船よもやま話』長船150年史編纂委員会(三菱重工業株式会社長崎造船所)
『新 秋の浦夜話』三菱長崎造船所編
『豪華客船を愉しむ』森隆行(PHP新書)
『洋上のインテリアⅡ』(日本郵船歴史博物館)
webページ『日本財団図書館』船がはこぶⅡ
(http://nippon.zaidan.info/seikabutsu/2002/00033/contents/014.htm)
webページ『PRINCESS CRUISES』
(http://www.princesscruises.jp/)

### 〈第3章〉
『創業百年の長崎造船所』三菱造船株式会社
『長崎造船所150年史』長崎造船所150年史編纂委員会(三菱重工業株式会社長崎造船所)
『創業150周年記念 長船よもやま話』長船150年史編纂委員会(三菱重工業株式会社長崎造船所)
『戦艦武蔵ノート』吉村昭(岩波現代文庫)
『文化公論』昭和9年3月号

### 〈第4章〉
『長崎ニュース 造船ミニ知識』(三菱重工業株式会社長崎造船所)
『三菱重工長崎造船所企業案内』(三菱重工業株式会社長崎造船所)
『長崎造船所150年史』長崎造船所150年史編纂委員会(三菱重工業株式会社長崎造船所)
webページ『おもしろテクノワールド 船の世界』(http://www.mhi.co.jp/discover/kids/techno_world/ship/index.html)
webページ『三菱重工 バラスト水浄化システムエンジニアリング』
(http://www.mhi.co.jp/products/detail/engineering_ballast_water_treatment.html)
webページ『三菱重工 凝集磁気分離方式「日立バラスト水浄化システム」』＜ClearBallast＞
(http://www.mhi.co.jp/news/story/100315.html)

〈第5章〉

『長崎造船所150年史』長崎造船所150年史編纂委員会(三菱重工業株式会社長崎造船所)
『創業150周年記念 長船よもやま話』長船150年史編纂委員会(三菱重工業株式会社長崎造船所)
『史料館』(三菱長崎造船所)
Webサイト『電気事業連合会』
http://www.fepc.or.jp/enterprise/hatsuden/fire/
『四国電力キッズミュージアム』
http://www.yonden.co.jp/life/kids/museum/survey/create/method/fire/
『日本橋梁建設協会』
http://www.jasbc.or.jp/routepress21st/rp21st-07-00.php

〈第6章〉

『岩崎彌太郎〜三菱の誕生と岩崎家ゆかりのコレクション〜』長崎歴史文化博物館編(長崎歴史文化博物館)
『岩崎弥太郎と三菱四代』河合敦著(幻冬舎)
『長船よもやま話』長船150年史編纂委員会編(三菱重工業株式会社長崎造船所)
『長崎造船所150年史』長崎造船所150年史編纂委員会編(リョーイン長崎営業所)
『三菱のあゆみ』財団法人三菱経済研

〈第7章〉

『創業百年の長崎造船所』三菱造船株式会社
『長崎造船所150年史』長崎造船所150年史編纂委員会(三菱重工業株式会社長崎造船所)
『創業150周年記念 長船よもやま話』長船150年史編纂委員会(三菱重工業株式会社長崎造船所)
『三菱長崎技術学校の造船マン』山口幸彦(長崎新聞社)

〈第8章〉

『創業百年の長崎造船所』三菱造船株式会社
『岩崎彌太郎〜三菱の誕生と岩崎家ゆかりのコレクション〜』長崎歴史文化博物館編
『アルバム長崎百年 戦中・戦後』(長崎文献社)
『明治産業近代化のパイオニア 平野富二伝』古谷昌二(朗文堂)
Webサイト『長崎大学附属図書館 幕末・明治期に本古写真メタ・データベース』
http://oldphoto.lb.nagasaki-u.ac.jp/jp/

〈年表〉

『長崎造船所150年史』長崎造船所150年史編纂委員会(三菱重工業株式会社長崎造船所)
『史料館』(三菱長崎造船所編)

『長崎ニュース』(三菱重工業株式会社長崎造船所)

## 出版協力企業（50音順）

安達株式会社
アダチ産業株式会社
大和ハウス工業株式会社 長崎支店
長崎自動車株式会社
長崎ダイヤモンドスタッフ株式会社
長崎菱興サービス株式会社

西日本菱重興産株式会社
カステラ本家福砂屋
株式会社メモリード
株式会社ユニバーサルワーカーズ（軍艦島コンシェルジュ）
MHI情報システムズ株式会社

## 資料提供

財団法人 三菱経済研究所付属 三菱史料館
三菱重工業株式会社長崎造船所
長崎歴史文化博物館
長崎大学附属図書館
Princess Cruises
森田信之　矢野平八郎

## 編集・執筆スタッフ・協力者一覧（誌面に氏名掲載者は除く）

◆取材・執筆／川良真理　石司隆一　山下睦美　小川内清孝　井石尚子　野中みどり
◆編集進行／川良真理
◆イラスト（表紙画ふくむ）／マルモトイヅミ
◆取材協力／三菱重工業株式会社長崎造船所史料館
　　　　　岡林隆敏　福島昭二　松村栄人　津村節子　慎燦益

---

### *Nagasaki Heritage Guide Map*
### 長崎游学シリーズ❿
### 「史料館」に見る産業遺産
### 三菱重工長崎造船所のすべて

| 発　行　日 | 2015年1月15日 第1刷　2015年1月23日 第2刷　2015年7月10日 第3刷<br>2017年6月20日 第4刷　2023年4月20日 第5刷 |
|---|---|
| 企画・構成 | 長崎文献社編集部 |
| 発 行 人 | 片山 仁志 |
| 編 集 人 | 堀 憲昭 |
| 発 行 所 | **株式会社 長崎文献社**<br>〒850-0057 長崎市大黒町3-1　長崎交通産業ビル5階<br>TEL. 095-823-5247　FAX. 095-823-5252<br>ホームページ http://www.e-bunken.com |
| 印　　刷 | オムロプリント株式会社 |

©2014 Nagasaki Bunkensha, Printed in Japan
ISBN978-4-88851-228-2　C0020
◇無断転載、複写を禁じます。
◇定価は表紙に掲載しています。
◇乱丁、落丁本は発行所宛てにお送りください。送料当方負担でお取り換えします。

Ambition
志を。

Dream
夢を。

Appreciate
感謝を。

Connect
繋がりを。

Happy
喜びを。

Innovation
革新を。

海へ、空へ、社会へ。

安達株式会社

| 安達株式会社  |

地域と共に会社と家庭をささえる

お客様のニーズにお応えする
ダイヤモンドスタッフの幅広いサービス

主要事業内容

| 人材サービス業 | 介護サービス業 | 警備業 | 農・水産物等の販売 |

| 旅行業（第三種）・クルーズ | 長崎県立総合体育館・県営野球場・長崎市科学館・日吉自然の家等の管理運営 |

## 長崎ダイヤモンドスタッフ株式会社

長崎市淵町2番25号　TEL（095）861-8111　FAX（095）861-8711
ホームページ　http://www.diamondstaff.co.jp/

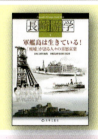
コーポレートサイト

---

# 「明治日本の産業革命遺産」をもっと知る本

**長崎游学4**
## 軍艦島は生きている！
「廃墟」が語る人々の喜怒哀楽
　　　　軍艦島研究同好会監修
　　　ISBN978-4-88851-156-8　定価880円

**長崎游学5**
## グラバー園への招待
日本のあけぼのを展望できる野外博物館
　　　　ブライアン・バークガフニ著
　　　ISBN978-4-88851-321-0　定価1100円

価格は税込
くわしくはウェブサイトへ

長崎文献社

〒850-0057 長崎市大黒町3-1-5F
TEL095-823-5247　FAX095-823-5252
https://www.e-bunken.com

ふれあいを大切に
心潤う健やかな人生づくり

Create Good Rapport

# アダチ産業株式会社
Adachi Industry Corporation

[**本社**]
〒850-0035 長崎市元船町11-18
TEL.095-821-7611(代) FAX.095-820-6191
URL http://www.adachi-ind.co.jp/

# まだ見たことのない
# 特別な長崎に逢える場所。

長崎を箱庭のように眺めることができる絶好のロケーションに佇むガーデンテラス長崎ホテル&リゾート。世界で活躍する建築家・隈研吾氏の設計によるこのホテルはその美しい景色とともに「上質」を肌で感じることが出来る洗練された空間になっています。また、豊かな自然と温暖な気候に恵まれた四季折々の旬を楽しめる「食の宝庫」長崎ならではの山海の幸を使った料理を、施設内にあるテーマの異なった4つのレストランで味わい尽くす。ゆったりとした時が流れる、「ここにしかない極上の長崎」をご体感ください。

**GARDEN TERRACE NAGASAKI**
HOTELS & RESORTS

ガーデンテラス長崎ホテル&リゾート
〒850-0064 長崎市秋月町2-3 TEL.095-864-7777

## メモリードグループのリゾートホテル（九州）

ガーデンテラス長崎
ホテル&リゾート
長崎県長崎市

長崎ロイヤルチェスター
ホテル
長崎県長崎市

長崎あぐりの丘
高原ホテル
長崎県長崎市

ホテルフラッグス
諫早
長崎県諫早市

ホテルフラッグス
九十九島
長崎県佐世保市

九十九島シーサイドテラス ホテル&スパ
花みずき
長崎県佐世保市

五島コンカナ王国
ワイナリー&リゾート
長崎県五島市

武雄温泉
森のリゾートホテル
佐賀県武雄市

ガーデンテラス佐賀
ホテル&マリトピア
佐賀県佐賀市

ガーデンテラス福岡
ホテル&リゾート
福岡県福岡市

ガーデンテラス宮崎
ホテル&リゾート
宮崎県宮崎市

株式会社メモリード
http://www.memolead.co.jp